SV

Bruno Latour/Vincent Lépinay

Die Ökonomie als Wissenschaft der leidenschaftlichen Interessen

Eine Einführung in die ökonomische Anthropologie Gabriel Tardes

Aus dem Französischen von
Gustav Roßler

Suhrkamp

Titel der Originalausgabe: *L'Économie, Science des Intérêts Passionnés. Introduction à l'anthropologie économique de Gabriel Tarde*

Die Veröffentlichung erfolgt mit freundlicher Unterstützung des Französischen Ministeriums für Kultur – Centre National du Livre und der Maison des sciences de l'homme.

Ouvrage publié avec le concours du Ministère francais chargé de la culture – Centre National du Livre et la Maison des sciences de l'homme.

Bibliographische Information der Deutschen Nationalbibliothek
Die Deutsche Nationalbibliothek verzeichnet diese Publikation in der Deutschen Nationalbibliographie; detaillierte bibliographische Daten sind im Internet über http://dnb.d-nb.de abrufbar.

Erste Auflage 2010

Satz: TypoForum
Druck: Druckhaus Nomos, Sinzheim
ISBN 978-3-518-58556-6

1 2 3 4 5 6 – 15 14 13 12 11 10

Inhalt

Die Tendenz, die ökonomische Wissenschaft zu mathematisieren, und die Tendenz, sie zu psychologisieren, sind keineswegs miteinander unvereinbar, sondern sollten sich in unseren Augen gegenseitig stützen.

Die Doktrin des Laissez-faire hat also die allergrößte Affinität zur Lehre von der Gesellschaft als Organismus, und die Schläge, die man gegen diese richtet, treffen jene indirekt ebenfalls.

Gabriel Tarde

Vorwort

Nehmen wir einmal an, Karl Marx hätte *Das Kapital* veröffentlicht, ohne daß es von irgend jemandem beachtet worden wäre. Ein Jahrhundert später würde man es wiederentdecken und wäre verblüfft über Umfang und Wagemut eines vereinzelt dastehenden, unverstandenen Werks, das ohne wissenschaftliche, politische, gesellschaftliche Auswirkungen geblieben wäre; eines Werks, das kein Schüler, keine Exegese erläutert hätten, das kein mehr oder minder unglücklicher Anwendungsversuch transformiert hätte. Wie anders wäre die Geschichte des 20. Jahrhunderts verlaufen, hätten die handelnden Menschen das 1902 erschienene Buch von Tarde, *Psychologie économique*, als Brevier genommen, und nicht das von Marx! Aber vielleicht ist es nicht zu spät, durch ein kleines Experiment in Geschichtsfiktion eine Theorie der politischen Ökonomie zu erfinden, in der Tarde die Rolle gespielt hätte, die in der Geschichte, der wahren, den Argumenten von Marx zugefallen ist.

Auf den ersten Blick erscheint es wirklich schwierig, die weitschweifigen Äußerungen dieses ohne Nachkommenschaft gebliebenen Soziologen ernst zu nehmen, der vom Geplauder zwischen Schaulustigen als veritablem »Produktionsfaktor« spricht; der die zentrale Rolle leugnet, die man allenthalben der tristen Arbeit zuerkennt; der im Begriff des Kapitals zwischen »Keim« (der Software) und »Keimblatt« (der Hardware) zugunsten von ersterem unterscheidet; der genauso ernsthaft wie die Schwankungen des Brotpreises die des Ansehens der gewählten Politiker verfolgt, und zwar mit Instrumenten, die er »Gloriometer« nennt; der als typisches Beispiel für die Produktion nicht, wie alle Welt, eine ordentliche Nadelfabrik heranzieht, sondern die Buchindustrie, wobei er sich ebensosehr für die Verbreitung der auf den Buchseiten enthaltenen Gedanken interessiert wie für die der Werke selbst; der die Frage der Biomacht behandelt, als wären Ökonomie und Ökologie bereits vermischt; der mühelos von Darwin zu Marx und von Adam Smith zu Cournot übergeht, ohne auch nur eine Sekunde an die üblichen Einteilungen der ökonomischen Wissenschaft zu glauben; der sich für Luxus, Moden, Konsum, Qualität, Warenetiketten, Freizeit ebenso interessiert wie für Militärindustrie und Kolonisation; der seine Beispiele immer wieder dem Kunstmarkt, der Verbreitung philosophischer Gedanken, der Moral, der Justiz entnimmt, als zählten sie alle gleichermaßen bei der Produktion von Wohlstand; der aus der Wissenschaft, der Innovation, den Neuerern, sogar der Muße die Grundlage der ökonomischen Aktivität macht; der beträchtliche Zeit darauf verwendet, Eisenbahnschienen, Telegrafendrähte, Zeitungsreklamen und den Anstieg des Tourismus zu verfolgen; der, vor allem, weder an die Existenz des Kapitalismus glaubt noch im 19. Jahrhundert den erschreckenden Siegeszug des kalten Kalküls und der Warenherrschaft sieht, sondern der die Ausdehnung der Märkte als Ausdehnung der Leidenschaften definiert; der die Sozialisten dafür beglückwünscht, neue Fieber der Organisation und der Assoziation erfunden zu haben. Und diesen alten

Reaktionär wollen wir von neuem interessant machen? Dieses Stück aus der Vorzeit der Ökonomie wollen wir wieder zum Glänzen bringen?
Jawohl. Seien wir so ehrlich, zuzugeben, daß die Lektüre des *Kapitals* uns ziemlich verwirrend erschiene, wenn wir nicht von Kommentaren profitierten, die sich über mehr als ein Jahrhundert erstrecken. Alles in der Ökonomie von Tarde wird befremdlich erscheinen, aber vielleicht deshalb, weil alles darin neu ist – das zumindest wollen wir zu zeigen versuchen. Inmitten der ersten großen Globalisierung geschrieben, sich mit allen technischen Innovationen der Epoche auseinandersetzend, ergriffen vom moralischen und politischen Problem des Klassenkampfs, zutiefst engagiert in der Biosoziologie, gestützt auf quantitative Methoden, von denen er damals nur träumen konnte, die aber dank der Ausbreitung der Digitalisierungstechniken heute verfügbar sind, und weil es frisch aus der Druckerpresse zu kommen scheint, präsentieren wir dieses Werk ein Jahrhundert später inmitten einer anderen Globalisierung, mitten in einer moralischen, sozialen, finanziellen, politischen und ökologischen Krise. Wir präsentieren diesen Höhepunkt nicht als eine bloße Kuriosität, um das Interesse der Ökonomiehistoriker zu wecken, sondern als wesentliches Dokument, um unsere Vergangenheit anders zurückzugewinnen und, folglich, unsere Zukunft anders zu definieren.
Zunächst hatten wir daran gedacht, die beiden dicken Bände der *Psychologie économique* neu herauszugeben, aber die rasante Entwicklung des Buchmarktes hat uns überholt – übrigens eine ganz und gar tardesche Entwick-

lung. Da das Originalwerk im Bildformat auf der Gallica-Website zugänglich ist und im Textformat (Word oder PDF) auf der ausgezeichneten kanadischen Website »Les classiques des sciences sociales«, wäre es nicht mehr sehr sinnvoll, es *in extenso* und mit exorbitanten Kosten zu publizieren.[1] Also haben wir uns dafür entschieden, die geplante Einleitung separat zu veröffentlichen, mit relativ langen Zitaten, um den Lesern Lust darauf zu machen, sich anschließend in die digitalisierten Versionen zu vertiefen. Und um jenen Lesern, denen die Lektüre am Bildschirm mißfällt und die sich murrend daranmachen würden, ihren Drucker zu ruinieren und zwei dicke Bände auszudrucken, dies zu ersparen, haben wir darüber hinaus auf einer Website eine Auswahl von Texten zusammengestellt, die uns die Bedeutung des Buchs am besten zu dokumentieren scheinen.[2]

Die Frage, die Tarde sich vorlegt, ist sehr einfach: Wofür steht der erstaunliche Begriff der politischen Ökonomie, der im 18. Jahrhundert aufgetaucht ist und sich im 19. weiter verbreitet hat? Für Tarde lenken die Gedanken die Welt, und insbesondere die Gedanken, die sich die Ökonomen über den Gegenstand ihrer Disziplin machen ... Welcher befremdlichen Idee von Wissenschaft und von Politik entspricht also dieser Begriff der politischen Ökonomie? Denn es sind wohl Gedanken, Meinungen, Argumente, die

1 Zugänglich über ⟨http://classiques.uqac.ca/⟩; und insbesondere für den Text von Tarde ⟨http://classiques.uqac.ca/classiques/tarde_gabriel/psycho_economique_t1/psycho_eco_t1.html⟩.

2 Unsere Auswahl findet man auf der Website ⟨http://www.brunolatour.fr⟩.

man zunächst umstürzen muß, um die tiefgreifende Veränderung zu erfassen, der Tarde die Theorie der politischen Ökonomie unterzieht – ja, für ihn bestimmt der Überbau »in erster und letzter Instanz« die Basis, die im übrigen, wie wir noch sehen werden, nicht existiert ... Ein merkwürdiger Revolutionär, wird man sagen, dieser materialistische Atheist, der hundert Jahre vor der Anthropologie der Märkte im atheistischen Materialismus der Ökonomen seiner Zeit, der linken wie der rechten, eine besonders perverse Form des verborgenen Gottes aufspürt. Tarde kritisiert nämliche alle jene, für die *einzig eine wundersame Vorsehung* fähig zu sein scheint, automatisch, durch ihre unsichtbare Hand, die prästabilierte Harmonie herzustellen, ganz gleich ob die des Marktes oder Staates, denn in seinen Augen sind die Erfinder der politischen Ökonomie über nahezu alles einer Meinung, zunächst aber einmal darüber, daß die Ökonomie als ein eigener Bereich existiert. Genau das aber bestreitet Tarde.

Dieser Revolutionär ohne Organisation, ohne Partei, ohne Nachfolger[3] und fast ohne Vorgänger fragt sich, was ge-

3 Unseres Wissens hat nur ein einziges Buch versucht, die Bedeutung desjenigen von Tarde zu zeigen: Maurizio Lazzarato, *Puissances de l'invention: La Psychologie économique de Gabriel Tarde contre l'économie politique*, Paris: Les Empêcheurs de penser en rond 2002. Für eine tiefergehende Analyse des Einflusses von Tarde auf Deleuze muß man sich auf dieses Werk beziehen. Hier läßt sich noch anmerken, daß Clark in seinem Werk mehrere Seiten der *Psychologie économique* ins Englische übersetzt hat: Gabriel Tarde *On communication and Social Influence. Selected Papers*, Edited by Terry N. Clark, Chicago: University of Chicago Press 1969. Eine ganze Ausgabe der Zeitschrift *Economy and Society* widmete sich kürzlich Tarde und spezifischer besagtem Werk. Siehe die Einleitung von

schehen würde, wenn wir wahrhaft ungläubig, *agnostisch* auf ökonomischem Gebiet wären. Im Grunde fragt er sich: »Und wenn es überhaupt keine höchste Gottheit in der Ökonomie gäbe?« Wenn man, ernstlich, akzeptierte, diese Immanenz ohne jegliche Transzendenz zu entfalten, könnte man dann nicht wieder von neuem Politik machen? Eine Politik, welche die Anhänger Mammons, des Gottes der Vorsehung und der automatischen Harmonie wie auch die des Staates uns seit so langem zu praktizieren verbieten – ja, diese Politik der *Freiheit*. Also Liberalismus? Warum sollte man sich vor diesem Wort fürchten, sofern man sich daran erinnert, daß sein Gegenteil nur Providentialismus lauten kann. Und wenn die Alternative niemals zwischen den Organisationen des Marktes und denen des Staates, zwischen Liberalen und Sozialisten bestanden hätte, sondern zwischen denen, die an die Wunder einer prästabilierten Harmonisierung glauben, und denen, die sich weigern, an Wunder zu glauben? Könnte man dann nicht im Rückblick neu interpretieren, was uns seit zwei Jahrhunderten alles zugestoßen ist und was man allzu schnell unter die Bezeichnung »Kapitalismus« gefaßt hat?

Andrew Barry und Nigel Thrift, »Gabriel Tarde: Imitation, Invention and Economics«, *Economy and Society* 36 (2007), S. 509-525. (Wir danken Eduardo Viana Vargas für seine sachdienlichen Kommentare und Cassiopée Guitteny für ihr aufmerksames Korrekturlesen.)

1. Weil die Ökonomie subjektiv ist, ist sie quantifizierbar

Um die ökonomische Anthropologie Tardes zu verstehen, müssen wir von vornherein eine völlige Umkehrung unserer Gewohnheiten akzeptieren: Nichts in der Ökonomie ist objektiv, alles ist subjektiv, oder vielmehr intersubjektiv, und *gerade aus diesem Grunde ist sie quantifizierbar und läßt sich zur Wissenschaft machen* ... Freilich nur unter der Voraussetzung, daß wir sowohl modifizieren, was von einer Wissenschaft zu erwarten ist, als auch, was quantifizieren heißt. Das dürfte reichen, um unsere Denkgewohnheiten ein wenig zu verändern.

Auf die Werte zurückkommen

Auf eine sehr klassische Weise beginnt Tarde damit, daß er den Wert definiert. Aber schnell zwingt er uns, eine andere Richtung einzuschlagen. Weil der Wert eine eminent psychologische, von Überzeugung und Begehren abhängige Dimension ist, läßt er sich quantifizieren, denn er besitzt damit eine bestimmte Intensität:

> Er [Der Wert] ist eine den Dingen von uns zugeschriebene Qualität, die jedoch in Wirklichkeit, wie die Farbe, nur in uns mit einer gänzlich subjektiven Wahrheit existiert. Er besteht in der Übereinstimmung der

> kollektiven Urteile über die Tauglichkeit der Objekte begehrt oder genossen zu werden, an die mehr oder weniger und von einer mehr oder weniger großen Anzahl von Personen geglaubt wird. Diese Qualität gehört demnach zur singulären Art jener Qualitäten, welche die Bezeichnung Quantität verdienen, da sie geeignet erscheinen, zahlreiche Abstufungen aufzuweisen und auf dieser Stufenleiter auf- oder abzusteigen, ohne ihre Natur wesentlich zu verändern (PE-1, S. 63).[1]

Dieser Punkt ist fundamental, und Tarde hielt an ihm seit seinem ersten Artikel fest, den er publiziert hatte, als er noch Richter in der kleinen Stadt Sarlat im Südwesten Frankreichs war: Wenn man aus den Sozialwissenschaften wahrhafte Wissenschaften machen will, muß man an das herangelangen, was sie an Quantifizierbarem bergen, und dieses liegt, paradoxerweise, *innerhalb* der Subjektivitäten.[2] Sollte diese Losung aber an die Position der Grenznutzenschule erinnern, die von maximierenden Individuen ausgeht, so täusche man sich nicht in der Originalität Tardes. Niemals nämlich verwendet er die Adjektive »sozial« und »psychologisch« als Gegensatz. Trotz Durk-

1 Alle Seitenzahlen, sofern nicht anders angegeben, beziehen sich auf die Originalversion der *Psychologie économique*, wie sie auf der *Gallica*-Website zu lesen ist. Alle Kursivsetzungen stammen vom Autor. Da die Originalausgabe in zwei Bänden publiziert worden ist, vermerken wir am Ende jeden Zitats PE-1 für den ersten und PE-2 für den zweiten Band.

2 Angefangen beim Artikel »La croyance et le désir« in *La Revue philosophique*, der in derselben Zeitschrift seiner ersten Beschäftigung mit »La psychologie en économie politique« um ein Jahr voraufgeht (Bd. XII, September 1881).

heims wohlbekannter und wiederholter Kritik an ihm verweist das, was Tarde als psychologisches Phänomen bezeichnet, nie auf etwas Individuelles oder innerhalb des Subjekt Liegendes – das nennt er »*intra*-psychologisch« und bekräftigt oft, daß man darüber nichts sagen könne –, sondern stets auf das Sozialste an uns – das er folglich »*inter*-psychologisch« nennt. Seiner Anthropologie ist demnach nichts fremder als die Vorstellung ökonomischer Agenten, die von der sozialen Welt abgeschnitten wären und klar abgrenzbare Kalküle anstellten. Die Wörter Intimität und Subjektivität sollten uns nicht beirren: In unserem tiefsten Innern herrscht stets »die große Zahl«. Für uns ist Tarde deshalb so schwierig zu verstehen – nach mehr als einem Jahrhundert Soziologismus –, weil er nie die Gesellschaft dem Individuum entgegensetzt, sondern der Ansicht ist, daß beide nur provisorische Aggregate sind, partielle Stabilisierungen, Knoten in Netzen, die den Begriffen der üblichen Soziologie vollkommen entgehen.[3]

Was für ihn die Sozialwissenschaft begründet, ist nämlich ein Typ von *Ansteckung*, der stets Punkt für Punkt von Individuum zu Individuum verläuft, ohne je bei einem von ihnen stehenzubleiben. Subjektivität bezeichnet stets die ansteckende Natur der Begehren und Überzeugungen, die von einem Individuum zum anderen überspringen, ohne daß sie dabei jemals – und das ist der wesentliche Punkt – einen Kontext oder eine soziale Struktur durchlaufen. Die

3 Dies erlaubt uns in Tarde retrospektiv den Gründer der Akteur-Netzwerk-Theorie zu sehen; vgl. zu diesem Punkt Bruno Latour, *Eine neue Soziologie für eine neue Gesellschaft. Einführung in die Akteur-Netzwerk-Theorie*, Frankfurt/M.: Suhrkamp 2007.

Wörter »sozial«, »psychologisch«, »subjektiv« und »intersubjektiv« sind demnach, grob gesagt, äquivalent, und alle bezeichnen sie eine Form von Parcours, eine Trajektorie, der man nur dann zu folgen vermag, wenn man niemals die vorgängige Existenz einer Gesellschaft oder ökonomischen Basis voraussetzt oder die einer Gesamtansicht, die sich vom Gewimmel ihrer Mitglieder unterscheidet. Der große Vorteil dieser Vorgehensweise besteht darin, daß sie sich von vornherein im vollen Licht der praktischen Mittel situiert, durch die sich die Ansteckung vollzieht, die Ansteckung von einem Punkt zum anderen – was Tarde als »Nachahmungsstrahlen« bezeichnet (in seinem Buch *Die Gesetze der Nachahmung*, dem Werk, das ihn berühmt machen wird[4]).

Diese erste Definition des »Quantums«, das den Werten eigen ist, wird es Tarde erlauben, anstelle und anstatt der Ökonomie ein Gewebe gekreuzter Relationen zu entfalten, in dem man nicht vorschnell diejenigen Beziehungen wiederzuerkennen versuchen sollte, die *buchstäblich* ökonomisch, und diejenigen, die es nur *metaphorisch* wären. Im Gegenteil, Tarde wird nicht müde aufzuzeigen, daß die Ökonomie als Disziplin riskiert, jede wissenschaftliche

4 Heute findet man nur noch die Neuveröffentlichung: Gabriel Tarde, *Les lois de l'imitation (mit einem Vorwort von Jean-Philippe Antoine)*, Paris: Les Empêcheurs de penser en rond [1890] 2001; allerdings hat die Ausgabe von 1993 den Vorteil, mit der ausgezeichneten Einleitung von Bruno Karsenti versehen zu sein: Gabriel Tarde, *Les lois de l'imitation (mit einer Einleitung von Bruno Karsenti)*, Paris: Kimé [1890] 1993. [Auf deutsch ist verfügbar: Gabriel Tarde, *Die Gesetze der Nachahmung*, Frankfurt/M.: Suhkamp 2009; A.d.Ü.]

Objektivität zu verlieren, weil sie sich gleichzeitig über ihre Grenzen – zu eng – und ihre Ambitionen – zu groß – täuscht.

Zwei zu vermeidende Irrtümer

Gehen wir langsam vor, um die Originalität seiner Position richtig zu erfassen. Der Begriff des Werts umfaßt zunächst einmal *alle Bewertungen von Überzeugung und Begehren*:

> Diese abstrakte Quantität teilt sich in drei große Kategorien, welche die ursprünglichen und wichtigsten Begriffe des Zusammenlebens sind: den *Wahrheitswert*, den *Nützlichkeitswert* und den *Schönheitswert* (PE-1, S. 63).
>
> Der quantitative Charakter der aufgezählten Ausdrücke ist ebenso real wie offensichtlich; er ist in allen menschlichen Urteilen mit enthalten. Es gibt keinen Menschen, kein Volk, die nicht als Lohn für ihre hartnäckigen Anstrengungen ein gewisses Wachstum des Reichtums oder Ruhms oder der Wahrheit oder Macht oder künstlerischen Vollkommenheit gesucht haben und die nicht gegen die Gefahr einer *Verringerung* all dieser Güter kämpfen. Wir sprechen und schreiben alle, als gäbe es eine Stufenleiter für diese verschiedenen Größen, auf der wir die verschiedenen Völker und Individuen plazieren und ständig nach oben und unten verschieben. Alle Welt ist demnach implizit und zuinnerst davon

> überzeugt, daß alle diese Dinge, und nicht allein das erste, im Grunde wirkliche Quantitäten sind. Wenn man diesen wahrhaft quantitativen Charakter, auf jeden Fall aber de jure und de facto meßbaren Charakter verkennt, den Macht, Ruhm, Wahrheit, Schönheit besitzen, so stellt man sich gegen das konstante Empfinden der Menschengattung und sieht im Ziel der allgemeinen Anstrengung nur eine Chimäre (PE-1, S. 67).

Es gibt also wirklich eine quantitative, für alle unsere Bewertungen wesentliche Grundlage, welches auch die Gegenstände seien, und die Sozialwissenschaft muß sie alle berücksichtigen. Aber, wie Tarde sofort hinzusetzt, die politische Ökonomie hat leider zwei vollkommen verschiedene Arten der Quantifizierung verwechselt: diejenige, die »wirklich und wenig augenscheinlich« ist, und diejenige, die »bequem und augenscheinlich« ist, wobei letztere aber nur der *Verbreitung* einer kleinen Zahl von mit Leidenschaften verschränkten Berechnungsinstrumenten geschuldet ist.

> Von all diesen Quantitäten wurde jedoch nur eine einzige, der Reichtum, unmißverständlich als eine solche erfaßt und erschien in der Folge würdig, zum Gegenstand einer besonderen Wissenschaft zu werden: der politischen Ökonomie. Obgleich dieser Gegenstand sich tatsächlich, aufgrund seines monetären Zeichens, für Spekulationen mit einer mathematischeren Genauigkeit darbietet, die manchmal allerdings illusorisch ist, verdienen es die anderen Begriffe ebenfalls, jeweils von einer eigenen Wissenschaft erforscht zu werden (PE-1, S. 67).

Diese Frage des »monetären Zeichens« ist äußerst sorgfältig zu betrachten. Tarde umgeht hier nämlich zwei symmetrische Irrtümer, die wir gewohnheitsmäßig oft begehen: die Ökonomie als eine Art von Reduktion zu verstehen, welche die Subjektivität zur Objektivität erstarren ließe; oder aber diese erste »Reduktion« auf alle Aktivitäten auszudehnen, selbst die »erhabensten«, wobei wir einen scharfen kritischen Geist an den Tag zu legen glauben.
In seinem Buch beklagt Tarde sich aber kein einziges Mal darüber, daß die Ökonomen den »Reichtum der menschlichen Subjektivität« ignorierten, »alles quantifizieren« wollten und so den Menschen seiner »moralischen, affektiven, ästhetischen und sozialen Dimension« beraubten. Seine Kritik verläuft genau umgekehrt: *Die Ökonomen quantifizieren nicht genug* alle die Bewertungen, zu denen sie Zugang haben. Oder vielmehr, sie gehen nicht weit genug zurück, kontinuierlich, bis hin zu den sich überkreuzenden Vektoren und Tensoren des Begehrens und der Überzeugung, die, wenn man so sagen darf, den Grund der sozialen *Materie* bilden.

> Aber der Ökonom übersieht, daß es ebenfalls keinen Reichtum gibt, landwirtschaftlichen oder industriellen oder sonstigen, der nicht unter dem Gesichtspunkt der *Erkenntnisse* betrachtet werden kann, die er impliziert, oder der Macht, die er verleiht, oder der *Rechte*, deren Frucht er ist, oder seines mehr oder weniger ästhetischen oder unästhetischen Charakters wegen (PE-1, S. 67).

Der symmetrische Irrtum bestünde allerdings darin zu glauben, Tarde weite die üblicherweise in der Ökonomie akzeptierten Quantifizierungen des Reichtums aus und analysiere Wahrheiten, Ruhmestitel, Moralitäten, Mächte, Rechte oder Künste nach Art eines Pierre Bourdieu *metaphorisch*, indem er die Begriffe Kapital, Zins, Kalkül oder Profit vervielfältigte und wahlweise mit dem Adjektiv »symbolisch« versähe.[5] Noch einmal, es verhält sich genau umgekehrt: Die quantifizierbare Wurzel, die es erlauben wird, eine ökonomische Wissenschaft zu begründen, findet sich zunächst in jenen komplexen Registern von Vertrauen und Mißtrauen und wird *erst anschließend* aus Bequemlichkeit oder zur Vereinfachung auf den relativ simplen Fall des »Güteraustauschs« übertragen. Fast könnte man sagen, daß in der von Tarde vorgeschlagenen verallgemeinerten Ökonomie eher die politische Ökonomie der Reichtümer die metaphorische Erweiterung bildet, oder vielmehr die metonymische Einschränkung, da hier ja ein Teil für das Ganze stünde. Im Gegensatz zu einer solchen politischen Ökonomie schlägt Tarde also vor, die Ökonomie auf *alle* Bewertungen auszuweiten, ohne sich jedoch darauf zu beschränken, der sehr kleinen Zahl von Bewertungen zu folgen, die wir uns aus Bequemlichkeit angewöhnt haben, in Geldeinheiten zu zählen.

5 Siehe die Kritik an Bourdieu von Olivier Favereau, »L'économie du sociologue ou penser (l'orthodoxie) à partir de Pierre Bourdieu«, in: *Le travail sociologique de Pierre Bourdieu. Dettes et critiques. Édition revue et augmentée*, hg. von Bernard Lahire, Paris: La Découverte 2001, S. 255-314.

Nicht länger die Kehrseite mit der Vorderseite verwechseln

Erst wenn man versteht, wie sehr Tarde diese beiden Irrtümer vermeidet (einerseits die Klage über die Quantifizierung, andererseits die metaphorische Erweiterung der Reichtumsberechnungen auf andere Formen von »symbolischem« Kredit), vermag man Mut, Originalität und Fruchtbarkeit der folgenden Erklärung einzuschätzen:

> Meine Absicht besteht im Gegenteil darin zu zeigen, daß, wenn man in der politischen Ökonomie zu wahrhaften Gesetzen gelangen will, und folglich wahrhaft wissenschaftlichen, man sozusagen das immer noch brauchbare, wenn auch ein wenig abgenutzte Kleidungsstück der alten Schulen umstülpen und aus der Kehrseite die Vorderseite machen muß, indem man hervorhebt, was sie verbergen, man also von der bezeichneten Sache die Erklärung des Zeichens verlangt und vom menschlichen Geist die Erklärung der sozialen Materialien (PE-1, S. 110).

Wie kann man erklären, daß die Ökonomen sich derart über Kehrseite und Vorderseite ihrer Wissenschaft getäuscht haben? Der von Tarde angeführte Grund trifft sich mit dem, was die Anthropologen der Märkte seit etwa fünfzehn Jahren immer wieder aufgezeigt haben: Keine Beziehung ist ökonomisch ohne die Ausweitung der Berechnungstechniken der Ökonomen – im weitesten Sinne des Begriffs.[6] Die ökonomische Disziplin, die im 18. Jahrhundert erfunden worden ist, entdeckt keinen Kontinent, sie fabriziert ihn vielmehr von vorne bis hinten, oder vielmehr, sie organisiert, erobert, kolonisiert ihn. Um den starken Ausdruck von Michel Callon aufzugreifen: Es ist die Disziplin Ökonomik, welche die Sache Ökonomie formatiert und performiert: »*without economics, no economy*«.[7] Anders als in den Robinsonaden des 18. Jahrhunderts, und wie Karl Polanyi und später Marshal Sahlins es deutlich gezeigt haben,[8] wird der Mensch nicht als Ökonom geboren, sondern er wird zu einem. Allerdings nur unter der Bedingung, von genügend Instrumenten und Berechnungsvorrichtungen umgeben zu sein, um Differenzen sichtbar zu machen, die ohne diese nicht erfaßbar wären. Ökonomie betreiben heißt nicht, die anthropologische Grundlage der Menschheit zu enthüllen, sondern

6 Nicholas Thomas, *Entangled Objects. Exchange, Material Culture, and Colonialism in the Pacific*, Cambridge, Mass.: Harvard University Press 1991; Timothy Mitchell, *Rule of Experts: Egypt, Techno-Politics, Modernity*, Berkeley: University of California Press 2002; Julia Elyachar, *Markets of Dispossession: NGOs, Economic Development, and the State in Cairo*, Durham, NC: Duke University Press 2005.

7 Michel Callon (Hg.), *The Laws of the Markets*, Oxford: Blackwell 1998.

8 Karl Polanyi, *The Great Transformation. Politische und ökonomische Ursprünge von Gesellschaften und Wirtschaftssystemen*, Frankfurt/M.: Suhrkamp 1995 (3. Aufl.); Marshal Sahlins (1972), *Stone Age Economics*, Chicago: Aldine. [Der Hinweis auf Marshal Sahlins wurde von Latour in der englischen Ausgabe ergänzt. Auch im weiteren Verlauf wurden die geringfügigen Berichtigungen oder Ergänzungen des Autors anläßlich der englischen Übersetzung auf dessen Wunsch stillschweigend übernommen. A. d. Ü.]

bedeutet immer nur, einen schwer zu fassenden Stoff auf eine bestimmte Weise zu organisieren.[9] Es heißt auch nicht, wie wir bald sehen werden, die wahrhafte menschliche Natur zu entdecken.

Um zu verstehen, wie die Arbeit der Ökonomen Beziehungen formatiert, die ohne sie eine ganz andere Form hätten, muß man den kleinen Zusatz gut erfassen, den die Erfindung von Berechnungsvorrichtungen und insbesondere von Richtmaßen wie dem Geld beiträgt.[10]

> Der Reichtum ist etwas sehr viel Einfacheres und sehr viel leichter Meßbares; denn er weist unendliche Grade und sehr wenige unterschiedliche Typen auf, deren Unterschied sich zusehends verwischt. So daß die zunehmende Ersetzung des Adels durch den Reichtum, der Aristokratie durch die Plutokratie den gesellschaftlichen Status der Zahl und dem Maß zunehmend zugänglich macht (PE-1, S. 72).

Wenn die ganze Subtilität eines Proust erforderlich ist, um die Unterschiede zwischen Swann und Madame Verdurin auf einem Wertmaßstab zu situieren, so ist eine solche Aufmerksamkeit für Details nicht mehr erforderlich, wenn man die Milliardäre dieser Welt klassifizieren will – dem

9 Zur kontroversen Frage der Performativität siehe Donald MacKenzie, Fabian Muniesa und Lucia Siu (Hg.), *Do Economists Make Markets? On the Performativity of Economics*, Princeton: Princeton University Press 2007.

10 Zum Begriff der Berechnungsvorrichtung (*dispositif de calcul*) siehe Michel Callon, Yuval Millo und Fabian Muniesa (Hg.), *Market Devices (Sociological Review Monographs)*, Oxford: Wiley-Blackwell 2007.

unbedeutendsten Journalisten der Zeitschrift *Fortune* wird das mühelos gelingen, wenn in Form von Krediten und Kapitalien gemessen wird. Doch Achtung: Das besagt nicht, daß wir plutokratisch geworden wären, daß die Warenherrschaft sich ausgebreitet hätte, daß die Zahlen der monetären Quantität in die reale und materielle Infrastruktur hineinreichten, welche die Basis der Ökonomie, der Sache, bildete. Überhaupt nicht: Da das Maß »einfacher« geworden ist, ist der »gesellschaftliche Status« *folglich* leichter herauszufinden. Es ist demnach geboten, zwei Typen von Maßen streng auseinanderzuhalten, zum einen jenes, das den realen Zustand erfaßt und das man das *gemessene* Maß nennen könnte, und zum anderen jenes, das die soziale Welt formatiert und das man das *messende* Maß nennen könnte. Mit Hilfe dieser Unterscheidung kann man sehen, daß sehr viele andere Instrumente verfügbar sind, um die Ökonomie wirklich quantifizierbar zu machen.

> Der Ruhm eines Menschen, nicht weniger als sein Kredit, nicht weniger als sein Vermögen, kann sich vergrößern oder verkleinern, ohne seine Natur zu ändern. Er ist daher eine Art soziale Quantität (PE-1, S. 70f.)
> Priester und Ordensleute haben die Faktoren der Produktion (man lese: Reproduktion) von Überzeugungen, von »Wahrheiten« nicht weniger sorgfältig studiert als die Ökonomen die Reproduktion des Reichtums. Sie könnten uns Lektionen erteilen über die Praktiken, die geeignet sind, den Glauben einzusäen (Exerzitien, forcierte Meditationen, Predigten), sowie über die Lektü-

ren, Gespräche und Verhaltensweisen, die ihn schwächen (PE-1, S. 74 Anm.).

Führen wir das Wort *Wertmesser* (*valorimètre*) ein, um alle Vorrichtungen zu kennzeichnen, mittels deren die Werturteile sichtbar und lesbar gemacht werden können, welche den Grund dessen bilden, was Tarde Ökonomie nennen wird. Mühelos kann man sich vorstellen, wie sehr er sich für die gegenwärtige Epoche interessiert hätte, in der eine Vielzahl neuer »Datenerfassungen« entsteht, die sehr wertvoll sind, um »den gesellschaftlichen Status der Zahl und dem Maß zunehmend zugänglich« zu machen: in Form von Einschaltquoten, Umfragen, Marktanalysen, Fernsehshows wie *Star Academy*, Wettbewerben, Klassifizierungen, Auktionen, Spionage, Mausklicks etc. Man könnte fast sagen, daß Tarde kein Glück hatte, als er vor mehr als einem Jahrhundert die Typen von »quali-quantitativen Daten« vorwegnahm, welche die neuen Informations- und Kommunikationstechniken heute vervielfachen. Es heißt, daß er einer eher »literarischen« Soziologie frönte, und das stimmt: Er wollte, daß man Begehren und Überzeugungen quantifiziert, obwohl die statistischen Methoden seiner Zeit – die er gut kannte, denn er leitete das statistische Institut des Justizministeriums – viel zu rudimentär waren, um sie zu erfassen. Die aktuelle Welle der Digitalisierung sollte uns für die Argumente Tardes empfänglicher machen.

Aber achten wir darauf, seinen Gedanken richtig zu verstehen: Potentiell ist alles Zahl, denn die Wertmesser sammeln, konzentrieren, extrahieren und simplifizieren nur unzählige subtile Gewichtungen, »logische Zweikämpfe«, die sich ständig in uns abspielen, wenn wir mit den Wesen zusammentreffen, mit denen wir verbunden sind und die wir brauchen, um zu existieren. Anders gesagt, Tarde behauptet nicht, daß die Berechnungsvorrichtungen, die von den Ökonomen eingesetzt werden, das Soziale (per-)formieren wie ein Waffeleisen den an sich unförmigen Teig. Für ihn existiert bereits, wenn man so sagen darf, im Teig eine Art von besonderem *Quantum*, das nur eine *indirekte* Beziehung zu dem unterhält, was die Ökonomen das Quantifizerbare nennen. Gerade dieser indirekte Charakter erklärt, warum sie sich oft getäuscht haben, wenn sie ihre Disziplin wissenschaftlicher machen wollten, und warum sie die Kehrseite für die Vorderseite hielten. Um es noch einmal zu sagen, es handelt sich nicht darum, über die Ökonomen und ihre Quantifizierungsmanie zu klagen, weil sie angeblich den gleichen Begriffsstandard auf alle Gegenstände anwenden würden. Im Gegenteil, man muß es bedauern, bekräftigt Tarde, daß sie nicht genug Gefallen am Quantifizieren finden, um in jedem Typ von Praktik nach den ihm eigenen Tensoren zu suchen. Tarde behauptet, daß sogar die mißlungenen Quantifizierungen der Ökonomen eine Menge interessanter Dinge über die anderen Quantifizierungstypen verraten, die nur darauf warten, an den Tag zu kommen; was freilich voraussetzt, daß man sich ein wenig Mühe gibt, sie zu suchen.

Der beste Beweis dafür, daß es einen riesigen Vorrat für Quantifizierung gibt, besteht in all den anderen Instrumenten, die verfügbar sind, um die Ökonomie wahrhaft quantifizierbar zu machen.

> Es gibt selbstverständlich andere Meßverfahren: Jede Art von Statistik ist ein solches. Der Anstieg oder Rückgang der Popularität einer öffentlichen Person läßt sich ziemlich genau durch die Wahlstatistik messen (PE-1, S. 77 Anm.).

Was im Wortsinn zählt, ist die Interkomparatistik, der wechselseitige Vergleich der Urteile. Dieser Prozeß ist keineswegs an das Geld als solches gebunden, man findet ihn in allen Wertmessern oder Gloriometern. Der zunehmenden Interkomparatistik kann man daher leicht in zwei Bereichen folgen, die ein Ökonom wahrscheinlich trennen würde, die Tarde jedoch mühelos miteinander verbinden kann, nämlich bei der Presse und beim Geld:

> [...] die Entwicklung der Presse hat die Auswirkung, den moralischen Werten einen quantitativen Charakter zu verleihen, der zunehmend ausgeprägter und dazu geeignet ist, immer besser ihren Vergleich mit dem Tauschwert zu rechtfertigen. Letzterer dürfte ebenfalls sehr unklar gewesen sein in den Zeiten vor der üblichen Verwendung von Geld, er hat sich jedoch in dem Maße präzisiert, wie das Geld sich verbreitet und vereinheitlicht hat. Damit konnte er die politische Ökonomie ins

> Leben rufen, zum ersten Mal. Ähnlich blieben vor dem Aufkommen der Tagespresse die Kenntnisse des wissenschaftlichen oder literarischen Werts von Schriften, der Berühmtheit und des Rufs von Menschen ziemlich vage, denn die Empfindung des graduellen Anwachsens und Abnehmens dieser Größen konnte kaum zutage treten; doch mit der Entwicklung der Presse präzisieren, akzentuieren sich diese Ideen und werden würdig, als Objekte für philosophische Spekulationen einer neuen Art zu dienen (PE-1, S. 76).

Man sieht die Originalität der Parallele: Tarde sagt nicht, daß die Presse dem »verderblichen Einfluß der Macht des Geldes« ausgeliefert sei; die Verbindung der beiden Bereiche durchläuft nicht die obligatorische Etappe der Suche nach verborgenen Kräften in der ökonomischen Basis – wie wir sehen werden, gibt es für Tarde überhaupt keine Basis. Die beiden Bereiche sind unendlich enger verbunden. Tarde vergleicht zwei Formen von Trajektorien und Ansteckungen, die alle beide, die erste vor mehreren Jahrhunderten, die zweite vor seinen Augen, es erlauben, festzustellen, durch welche Instrumentierung, welche Ausrüstungen man von einer lokalen, individuellen und unpraktischen Quantifizierung übergehen kann zu einer allgemeinen, schnellen und reflexiven. Kredit und Glaubwürdigkeit brauchen Instrumente der Buchführung bzw., um einen Terminus zu verwenden, der nicht von Tarde stammt, aber sehr genau die Bewegung der Interkomparatistik definiert, sie brauchen eine *Metrologie*. Die Wertmesser bilden nach und nach metrologische Ketten, die den wechselseitigen

Vergleich von Subjektivitäten immer »präziser«, »akzentuierter« machen und somit »würdig, als Objekt für philosophische Spekulationen einer neuen Art zu dienen«. Und Tarde versäumt es nie, zu diesen Spekulationen die Wissenschaftssoziologie zu zählen, denn in ihr sieht er den typischen Fall einer Metrologie der wissenschaftlichen Literatur, die sichtbar und lesbar geworden ist durch die Ausbreitung jenes Quasi-Geldes, das man Glaubwürdigkeit nennt, wo es – mehr als überall sonst – um die Produktion fein differenzierter Grade von Überzeugung geht.

> Wie entsteht, wie wächst der Kredit eines Menschen in all seinen Formen, oder seine Berühmtheit und sein Ruhm? Es lohnt sich wirklich, sich für diese diversen Produktionsformen zu interessieren, genauso wie für die Produktion der Reichtümer und ihres käuflichen Werts. [...] Wenn es »Naturgesetze« gibt, welche die Fabrikation bestimmter Artikel in größerer oder geringerer Quantität regulieren, sowie die Zunahme oder Abnahme ihres käuflichen Werts, warum sollte es dann nicht auch welche geben, die das Auftauchen, das Wachstum, die Zunahme oder Abnahme der populären Begeisterung für diesen oder jenen Menschen, des monarchischen Loyalismus eines Volkes, seines religiösen Glaubens, seines Vertrauens in diese oder jene Institution regulieren? (PE-1, S. 73)

Wer wirklich quantifizieren will – die Grundlage jeder Wissenschaft –, sollte sich auf die Suche nach allen verfügbaren Typen von Quanten machen und nicht nur ein einziges Quantum verwenden, um alle übrigen zu analysieren.

Die Quantifizierung des Ruhms ist ein ebenso guter Analysator des Reichtums, wie der Reichtum es des Glaubens oder der Glaube es der Begeisterung ist und so weiter. Nutzer von Google werden keine Schwierigkeit haben zu verstehen, wie sehr die Digitalisierung zur Berechnung von Autorität, zur Kartographierung von Glaubwürdigkeit und zur Quantifizierung von Ruhm beigetragen hat.[11]

Quantifizieren: ja, aber mit Bedacht

Wir verstehen jetzt die Konfusion der Ökonomen in Tardes Augen: Wenn sie auch recht hatten, quantifizieren zu wollen, so haben sie die Quelle schlecht geortet, die ihnen erlaubt hätte, ihre Disziplin endlich zu einer gesicherten zu machen. Ihr Irrtum bestand darin, daß sie das durch die Erweiterung der interkomparativen Ketten ermöglichte »messende Maß« für ein »gemessenes Maß« hielten; diese Erweiterung ging ihrerseits auf ein Phänomen zurück, das vollständig verschieden von demjenigen war, welches sie zu beobachten glaubten. Sie glaubten nämlich, der Fortschritt der Ökonomie müsse ein Fortschritt in Kälte, Distanz und Objektivität sein ...

> So *objektiv* und *abstrakt* wie möglich zu sein – darin bestand ihre Methode ... Das Ideal bestand darin,

11 Als ein Internetportal, das sich mit den neuen, inzwischen verfügbaren quali-quantitativen Methoden beschäftigt, die Tarde so sehr gemocht haben würde und in denen er eine Rechtfertigung seines Anspruchs auf eine wahrhaft wissenschaftliche Soziologie gesehen hätte, siehe ⟨http://www.macospol.eu/⟩.

> unter Abstraktionen wie Kredit, Dienst, Arbeit verborgene Empfindungen und Gefühle so gut zu verstecken, daß niemand sie mehr bemerkt, und jene Abstraktionen dann als Objekte zu behandeln, als reale und materielle Objekte, analog zu den Objekten, wie sie der Chemiker und Physiker behandelt und die, wie jene, unter das Gesetz der Zahl und des Maßes fallen. Das Kapitel des Geldes und der Finanzen, wo anscheinend dieses doppelte Ideal verwirklicht und alles zählbar und meßbar ist wie in der Physik und der Chemie, bildete im Garten der Ökonomen von jeher schon deren Lieblingsbeet (PE-1, S. 109).

Als messendes Maß ist das Geld selbstverständlich ausgezeichnet, aber das, was es mißt oder vielmehr auf vereinfachte Weise registriert, um es leichter erfaßbar zu machen, hat keinerlei Beziehung zu dem, was in den Zahlen angezeigt wird. Nicht, wie es die ewigen humanistischen Kritiker an der Ökonomie glauben, weil »das menschliche Herz nicht auf Berechnungen reduziert werden kann«, sondern umgekehrt, weil das menschliche Herz ständig berechnet und abwägt, aber *auf einer anderen Feinwaage* und mit anderen, weniger leserlichen und weniger kontrastreichen Gewichten. Tarde schlägt daher vor, daß wir unsere Aufmerksamkeit auf die wahre Quelle aller Messungen richten, und setzt den eben zitierten Satz folgendermaßen fort:

> Nicht weniger wahr ist es, daß der Wert, für den das Geld nur ein Zeichen ist, nichts, überhaupt nichts anderes ist als eine Kombination von Dingen, die alle sub-

> jektiv sind, von Überzeugungen und Begehren, von Vorstellungen und Willen, und daß steigende und fallende Börsenwerte sich, im Unterschied zu den Oszillationen des Barometers, überhaupt nicht erklären lassen, ohne ihre psychologischen Ursachen zu berücksichtigen, etwa die Anwandlungen von Hoffnung oder Niedergeschlagenheit des Publikums oder die Verbreitung einer guten oder schlechten Sensationsnachricht im Geiste der Spekulanten (PE-1, S. 109).

Und damit läßt sich besagte Umstülpung von Vorder- und Kehrseite erklären, die zunächst, als wir sie weiter oben vorstellten, wie eine grundlose Provokation seitens Tarde erscheinen konnte:

> Nicht, daß die Ökonomen diesen subjektiven Aspekt ihres Gegenstands völlig verkannt hätten [...], doch stets hat man ihn als *Kehrseite* und nicht als *Vorderseite* der ökonomischen Wissenschaft betrachtet. Die Meister dieser Disziplin haben zu Unrecht geglaubt, ich wiederhole es, daß allein die vorwiegende, wenn nicht ausschließliche Beschäftigung mit den Dingen unter äußerem Gesichtspunkt ihren Beobachtungen die Würde einer Wissenschaft verleihen könne. Selbst wenn sie die psychologische Seite der von ihnen untersuchten Phänomene direkt ins Auge fassen mußten, wie etwa die Beweggründe des Arbeiters oder die Bedürfnisse des Konsumenten, konzipierten sie ein dermaßen simplifiziertes menschliches Gemüt, ein dermaßen schematisches sozusagen, eine dermaßen verstümmelte menschliche Seele, daß dieses Minimum an unerläßlicher Psy-

> chologie den Anschein eines bloßen Postulats hatte, das nur dazu diente, die geometrische Entfaltung ihrer Deduktionen zu stützen (PE-1, S. 109 f.).

Hätten wir diesen Absatz eingangs zitiert, er wäre verstanden worden als die übliche Klage über die Quantifizierungsmanie der Ökonomen, dagegen müssen wir ihn als einen Appell verstehen, *überall* und vor allem *anderswo* die Wertmesser zu suchen, die in der Lage sind, die »menschlichen Seelen« zu erfassen, wenn sie ihre Güter und Übel bewerten, wenn sie glauben, wenn sie begehren, wenn sie beten, wenn sie wollen, wenn sie sich einmischen. Auf dieser neuen und versetzten Grundlage schlägt Tarde den verschiedenen Sozialwissenschaften eine Art *new deal* vor:

> [...] die auf diese Weise eingegrenzte politische Ökonomie verlöre, das stimmt, ihre mysteriöse Isolierung eines erratischen Blocks in der Wüste der Soziologie, welche erst noch durch Metaphysiker und Logiker zu entwickeln wäre, doch sie gewänne dabei endlich ihren wahren Platz in der Sozialwissenschaft und sähe ihre üblichen Begriffe, ihre Einteilungen, ihre Theorien kontrolliert durch ihre Schwesterwissenschaften, die sich in ihrem Licht erhellen so wie sie sich in dem ihren (PE-1, S. 68).

Überflüssig, es zu sagen: Die Geistesgeschichte hat diesen Handel überhaupt nicht ernst genommen; für ein weiteres Jahrhundert hat man sich in der ziemlich ungereimten Vorstellung verschanzt, daß die Ökonomie als Wissenschaft (*economics*) wie durch ein Wunder unter sich einen eisigen

Kontinent entdeckt hätte, die Ökonomie als Sache (*economy*), die von unerschütterlichen Gesetzen beherrscht wäre und die unglaubliche Fähigkeit besäße, alle auf ihr errichteten Überbauten gefrieren zu lassen. Die Ökonomie wäre als einzige unter den Sozialwissenschaften wahrhaft wissenschaftlich, weil allein sie an den objektiven und rationalen Kern der menschlichen Seele gelangt wäre.

In der Temperatur geirrt

Wie soll man die Neuerung Tardes resümieren, damit wir lernen, uns daran zu erinnern, daß es in der Tat darum geht, die Ökonomie zu quantifizieren, doch indem man sie als Ganzes in die Intersubjektivität versetzt – was paradoxerweise das einzige Mittel ist, sie endlich ein wenig wissenschaftlich zu machen? Indem wir einen anderen epistemologischen Irrtum vermeiden, der ebenfalls, wie wir noch sehen werden, ein schwerwiegender politischer Irrtum ist: zu glauben, daß, je mehr man Wertmesser und metrologische Ketten vervielfacht, die Wirtschaftsgeschichte von den Leidenschaften zur Vernunft überginge, vom Irrationalen zum Rationalen, von der Wärme des traditionellen Handels zum »ökonomischen Schrecken« der »neoliberalen« Märkte.

> Wird man sagen, daß der Fortschritt der Vernunft, der angeblich den zivilisatorischen Fortschritt begleitet, sich darum kümmert, nach und nach die von den Ökonomen ersonnene Abstraktion zu verwirklichen und

> den konkreten Menschen aller seiner Handlungsmotive zu entkleiden, außer dem Motiv des persönlichen Interesses? Aber nichts erlaubt diese Annahme, und es gibt keinen einzigen Aspekt des sozialen Lebens, in dem man nicht die Leidenschaft gleichzeitig mit der Intelligenz anwachsen und sich entfalten sieht. [...] So verhält es sich in der ökonomischen Welt, und nirgendwo, nicht einmal hier, bemerke ich irgendeine Spur für einen ernüchternden Wandel des Menschen in einer weniger und weniger leidenschaftlichen Richtung und einer mehr und mehr rationalen [...] (PE-1, S. 115).

Die jüngste Ökonomie – jene, die Tarde seit dem Antritt seiner Lehrtätigkeit am Collège de France beobachten kann, die des Klassenkampfes, die der ersten großen Globalisierung, der massiven Migration der menschlichen Gattung, der durch die großen Weltausstellungen unterstrichenen frenetischen Neuerungen, der Aufteilung der Kolonialreiche –, bietet überhaupt nicht das Schauspiel eines Aufstiegs der Vernunft. Sie bietet vielmehr das Schauspiel

> [...] von Leidenschaften einer unerhörten Intensität, von Ambitionen ungeheurer Eroberungen, eine Art neue Religion, den Sozialismus, und einen proselytischen Eifer, den man seit der Urkirche nicht mehr gesehen hat. Da haben wir die Interessen, *die leidenschaftlichen Interessen*, die man nicht nur miteinander in Einklang bringen muß, sondern auch mit den ebenso leidenschaftlichen Interessen der koalierten Milliardärkapitalisten, die nicht weniger als jene berauscht sind

von der Hoffnung zu gewinnen, vom Hochmut des Lebens und vom Hunger nach Macht (PE-1, S. 116).

Was also ist die Ökonomie? Wir können sie nun definieren als die *Wissenschaft der leidenschaftlichen Interessen*. Täuschen wir uns nicht. Tarde sagt uns ja gerade nicht, daß die kalkulierende und räsonierende ökonomische Vernunft – leider! – deformiert, gekidnappt, durcheinandergebracht würde durch Leidenschaften, Koalitionen, Ansteckungen, Gerüchte, die verhinderten, daß ihre Kalküle recht behielten; er sagt nicht, daß wir, wenn es uns durch ein unmögliches Wunder gelänge, uns aus diesem irrationalen Durcheinander zu befreien, endlich auf die ökonomische Vernunft stoßen würden. Nein! *Alles* in der Ökonomie ist irrational, *alles* in der Ökonomie ist, wenn man so will, extra-ökonomisch (im banalen Sinne dieses Ausdrucks) ... Weil sie aus jenen Leidenschaften besteht, deren erstaunliche Entwicklung im 19. Jahrhundert die Verflechtung nur noch vergrößert hat.[12] Und genau diese Verflechtung haben

12 »Und diese tumultuöse Welt der ökonomischen Aktivität, das heißt diese herzzerreißende und tiefe, leidende und mühselige Welt, sollte von einer geometrischen Deduktion kalter Theoreme à la Ricardo regiert werden, anwendbar auf ich weiß nicht welchen groben – schematischen oder mechanischen – Menschen! Der ökonomischen Psychologie kommt es zu, die ganze sogenannte gefühlsmäßige Seite der Produktion, der Verteilung, der Konsumtion der Reichtümer wieder an ihren wahren Platz, den ersten, zu setzen; sie im Leben der alten Körperschaften zu studieren, wo sie sich mit so viel pittoresker Originalität manifestiert, und im Leben der neuen, wo sie noch kraftvoller sich entlädt. Es ist in Amerika, im utilitaristischsten Land, wie es heißt, dem auf dem Weg des ökonomischen Fortschritts am weitesten vorangeschrittenen, daß man sich *Sympathie*-Streiks ausgedacht hat, Streiks, die von Arbei-

die Ökonomen gleichzeitig erahnt und sind, was verwunderlich ist, auf der Stelle mit Schrecken geflohen, als hätten sie das Gorgonenhaupt erblickt.

Als sie den *homo aeconomicus (sic)* konzipierten, nahmen die Ökonomen eine zweifache Abstraktion vor. Eine erste Abstraktion – und eine sehr mißbräuchliche – besteht darin, einen Menschen ohne irgend etwas Menschliches im Herzen konzipiert zu haben, und eine weitere, sich dieses Individuum als losgelöst von jeder Gruppe, Körperschaft, Sekte, Partei, Assoziation vorgestellt zu haben. Letztere Simplifizierung ist nicht weniger entstellend als die erste, von der sie sich herleitet. Niemals, in keiner Epoche der Geschichte, haben sich ein Produzent und ein Konsument, ein Verkäufer und ein Käufer gegenübergestanden, ohne daß sie erstens durch irgendeine ganz sentimentale Beziehung miteinander verbunden waren, sei es Nachbarschaft, Mitbürgerschaft, religiöse Vereinigung, Kulturgemeinschaft, und ohne daß jeder von ihnen zweitens von einem unsichtbaren Gefolge von Assoziierten, Freunden, Mitgläubigen eskortiert wurde, deren Denken während der Diskussion über Preis oder Lohn an ihnen zerrte und oft zum Nachteil ihres strikt individuellen Interesses den Ausschlag gab. Niemals, selbst nicht in der ersten Hälfte des 19. Jahrhunderts – und das ist die einzige

tern durchgeführt werden, die keinerlei Interesse darin vertreten und die unter ihnen leiden, bloß um sich mit den Kameraden zu solidarisieren, deren Schicksal sie *interessiert*. Und nirgendwo hat man so viele pekuniäre Opfer für eine Idee, für eine Prinzipienfrage, eine Sympathie gesehen als in diesem gelobten Land des wohlverstandenen Interesses« (PE-1, S. 117).

> Periode in der Geschichte der Arbeit, wo jede Arbeiterkorporation in Frankreich völlig zerstört erschien –, niemals ist der Arbeiter in Erscheinung getreten als frei von jeder formalen oder moralischen Verpflichtung gegenüber seinen Kameraden, konfrontiert mit einem Chef, der selbst vollständig losgelöst gewesen wäre von strengen Verpflichtungen oder Konventionen gegenüber seinen Kollegen oder selbst seinen Rivalen (PE-1, S. 115 f.).

Es sind die Bindungen, die man quantifizieren muß – wie hat man es nur vergessen können? Man wird einwenden, daß die institutionelle Ökonomie, die Ökonomie der Konventionen (*économie des conventions*) seit vielen Jahren solche Gemenge als eine Selbstverständlichkeit akzeptiert.[13] Richtig, aber das Buch Tardes datiert von 1902! Warum haben wir ein Jahrhundert verloren? Erst recht, wo Tarde sehr viel weiter geht als die vorsichtigen Forscher von heute, die sich damit begnügen, das reine und vollkommene ptolemäische System des Marktes zu korrigieren, indem sie es um eine Vielzahl von Epizyklen erweitern, die sich in alle möglichen Richtungen drehen – Verträge, Vertrauen, Information, Regeln, Normen, Koalitionen. Wie ein Kopernikus, dessen Buch niemand gelesen hat,[14] hat Tarde

13 Oliver E. Williamson, *The Economic Institutions of Capitalism. Firms, Markets, Relational Contracting*. New York: The Free Press 1985; Henry Payton Young, »The Economics of Convention«, *Journal of Economic Perspectives* 10 (1996), S. 105-122; Jean Pierre Dupuy, François Eymard Duvernay et al., »L'économie des conventions« (Sondernummer) *Revue Economique* 40 (1989), S. 1-406.

14 Owen Gingerich, *The Book Nobody Read: Chasing the Revolution of Nicolaus Copernicus*, New York: Penguin 2004.

das quantitative Zentrum bereits verschoben. In jenem »unsichtbaren Gefolge von Assoziierten« gibt es keinerlei Vorsehung und vor allem nicht die Vorsehung der harmonisierenden Vernunft. Die Ambition Tardes, um so radikaler, als sie sich auf keine Schule stützt, besteht ganz einfach darin, die Umlaufbahnen leidenschaftlicher Interessen sich um eine andere Sonne drehen zu lassen, und diese erhellt und brennt – sie erhellt, weil sie brennt.

Sich nähern, statt sich zu entfernen

Um diesen Punkt zu erfassen, muß man akzeptieren, auf eine letzte epistemologische Ambition zu verzichten, auf die der *Distanz* und Äußerlichkeit. An diesem Punkt angelangt, erlaubt sich Tarde, der immer höflich bleibt, eine leichte Ironie angesichts der akrobatischen Übungen der Ökonomen, die sich möglichst weit von den Phänomenen entfernen wollen, obwohl sie Gelegenheit hätten, diese von nahem zu verfolgen, und daher eigentlich kaum übersehen dürften! Es lohnt sich, kurz bei diesem – vollkommen kontraintuitiven – Argument zu verweilen. Tarde beginnt damit, zwei Psychologien zu unterscheiden, nicht abhängig von der Natur der Gegenstände, auf die wir sie anwenden, sondern abhängig vom Grad der *Nähe*, die wir zu ihnen haben.

> Die eminent psychologische Natur der Sozialwissenschaften, von denen die Politische Ökonomie nur ein Zweig ist, hätte Anlaß zu weniger Streitigkeit geboten,

> wenn man zwei Psychologien unterschieden hätte, die man gewöhnlich zu einer zusammenzieht. [...] Es ist angebracht zu bemerken, daß die Objekte des Ich entweder natürliche Dinge sein können, *die in ihrem tiefsten Inneren unergründlich sind, da dieses hermetisch verschlossen ist*, oder aber andere Ich, andere Geister, in denen *das Ich sich spiegelt, indem es sich exteriorisiert*, und lernt, sich selbst besser kennenzulernen, indem es den Anderen entdeckt. Diese letzteren Objekte des Ich, die gleichzeitig Subjekte wie es sind, bieten die Gelegenheit einer Beziehung zwischen ihm und ihnen, die vollkommen außergewöhnlich ist, die sich deutlich, sehr prägnant von den üblichen Beziehungen des Ich zu den Wesen der Natur wie Mineralien, Pflanzen und selbst niederen Tieren unterscheidet. [...] Sie sind die einzigen Gegenstände, die von innen erfaßt werden, weil ihre intime Natur genau jene ist, von der das Subjekt, das sie betrachtet, Bewußtsein hat. Wenn dagegen das Ich die Mineralien oder die Sterne betrachtet, irgendwelche materielle Substanzen, organische oder anorganische, so lassen sich die Kräfte, die jene Formen hervorgebracht haben, nur hypothetisch erraten, und einzig ihr äußeres Zeichen wird wahrgenommen (PE-1, S. 110 f.).

Im gesamten Werk Tardes findet man diesen erstaunlichen Unterschied zwischen der Menschenwelt und der Naturwelt wieder, der sich keineswegs mit der üblichen Unterscheidung zwischen Symbolwelt und materieller Welt deckt. Erinnern wir noch einmal daran, daß für Tarde »alles Gesellschaft ist«: Sterne, Zellen, Körper, die politischen Aggregate und die Gewitter unter den Schädeldecken. »Materiell« besagt für ihn vor allem »sozial«.[15] Ist er etwa ein Soziobiologe (oder, wie man damals sagte, Biosoziologe)? Hat er sich der Sünde der Naturalisierung schuldig gemacht? Oder, schlimmer noch, des Sozialdarwinismus? Nein, denn es gibt einen Unterschied in der *Erfasssung* und nicht in der Natur, der zwischen den sogenannten materiellen Objekten und den Subjekten der Gesellschaft besteht: Erstere sehen wir *von ferne, im großen* und *von außen*; während wir letztere *von nahem, in kleiner Anzahl* und *von innen* sehen!

> Man versteht daher sehr gut, daß, wenn die Beziehungen des Ich zu den natürlichen Wesen zu studieren und die physikalischen Wissenschaften zu begründen sind, sogar einschließlich der Biologie, das Ich als guter Methodiker bemüht ist, sich so weit wie möglich zu vergessen, möglichst wenig von sich selbst und den persönlichen Eindrücken, die es von außen empfängt, in die Vorstellungen hineinzulegen, die es sich von der Materie, der Kraft und dem Leben macht, wenn möglich sogar die Natur insgesamt in Erstreckung und Punkte in Bewegung aufzulösen, in geometrische Begriffe, deren Ursprung, der ebenfalls vollkommen psychologisch ist, sich nur den Augen sehr geübter Analy-

15 Das ist der grundlegende Gedanke, der sich in seinem merkwürdigen, von Leibniz inspirierten Metaphysik-Buch von 1895 findet: Gabriel Tarde, *Monadologie und Soziologie*, Frankfurt/M.: Suhrkamp 2009.

> tiker erschließt und im übrigen keineswegs ihre psychologische *Natur* impliziert (PE-I, S. 111).

Tarde behauptet nicht, daß die Ökonomen unrecht damit hätten, die menschlichen Dinge als natürliche Dinge zu behandeln, da angeblich »das Menschliche nicht in Natur und Objektivität aufgeht«, wie es so oft heißt. Bereitwillig erkennt er an, daß es in der Physik, Chemie, Biologie ausgezeichnete Gründe gibt, Assoziationen von Wesen als statistische Wolken zu behandeln, die äußeren Kräften unterworfen sind und von diesen beherrscht werden. Wenn wir diese Perspektive in vielen Fällen übernehmen, liegt es jedoch daran, daß wir jene Assoziationen nicht nahe genug erfassen, da wir nicht in ihr Inneres eindringen können. Selbst wenn ihr »Ursprung« wie der aller Monaden psychologisch ist und aus Relationen besteht, scheint ihre »Natur«, von nahem und als Ganzes gesehen, es nicht mehr zu sein. Jedenfalls läge kein Vorteil, kein epistemologischer Gewinn darin, es anzunehmen. Und so sehen wir Tarde die folgende erstaunliche Schlußfolgerung ziehen:

> Aber ist das ein Grund, wenn der Moment gekommen ist, die reziproken Beziehungen des Ich zu studieren – das heißt die Sozialwissenschaften zu begründen –, daß das Ich damit fortfährt, sich angestrengt selbst zu fliehen und zum Modell seiner neuen Wissenschaften die Wissenschaften der Natur zu nehmen? Durch das außerordentlichste Privileg findet es sich in der sozialen Welt in die Lage versetzt, klar in den Grund der Wesen zu blicken, deren Beziehungen es studiert, die verborgenen Triebkräfte der Akteure in Händen zu halten –

> und dieses Vorteils sollte es sich freiwillig berauben, um sich den Physiker oder Naturforscher zum Vorbild zu nehmen, die diesen Vorteil nicht haben und so gezwungen sind, ohne ihn zurechtzukommen und Ersatz für ihn zu bieten, so gut sie können! (PE-1, S. 111)

»Sich selbst zu fliehen«? Man versteht das Entsetzen, das Durkheim erfaßte, als er die Arbeiten seines älteren Kollegen kennenlernte ... Wenn es für Tarde einen unbedingt zu vermeidenden Irrtum gibt, so besteht er darin, »die sozialen Tatsachen als Dinge zu behandeln«, wo wir doch, in den anderen Wissenschaften, die Dinge mangels Besserem »als Dinge« verstehen! Wie sind die Soziologen und, verwunderlicher noch, die Ökonomen bloß auf die verrückte Idee gekommen, die Physiker und Biologen durch ein vollkommen künstliches Bemühen um Distanzierung imitieren zu wollen, wohingegen die von ihnen imitierten Wissenschaftler Vater und Mutter verkaufen würden, um endlich den Partikeln, Zellen, Fröschen, Organen *nahezukommen*, in deren intime Assoziationen sie sich unter Zuhilfenahme ihrer Instrumente einzumischen suchen! Wieso fliehen die Ökonomen, indem sie eine Distanz aufbauen, die jeder Forscher beseitigen würde, und riskieren damit, die ersehnte Gelegenheit zum Verständnis des Sozialen zu verlieren, während die anderen, die wahren Wissenschaftler, um jeden Preis versuchen, durch die Erfindung aller Arten von Instrumenten sich dem *anzunähern*, was ihnen fern ist?
Hier haben wir den harten Kern, den schwierigen, technischen Punkt von Tardes Vorschlag, der immer noch ge-

nauso neu wie damals ist: Wenn wir in einem beliebigen Aggregat einerseits Assoziierte unterscheiden und *andererseits* Gesetze, Strukturen, Regeln, so liegt dies daran, daß wir gezwungen sind zu ignorieren, was die Assoziierten von innen her durch das Gewimmel logischer Duelle und Bewertungen modelt. Um es in brutaler Form zu sagen: Der Begriff der Struktur ist ein Notbehelf, ein Artefakt unserer Ignoranz, ist unserer zu großen Distanz zu dem, was wir erforschen, geschuldet ... Wir werden weiter unten zeigen, welche erstaunlichen politischen Konsequenzen Tarde aus diesem Gesichtspunkt ziehen wird, der auch hundert Jahre später noch für den überwiegenden Teil der Sozialwissenschaften ein unverständliches Paradox bleibt. Im Moment genügt es zu verstehen, daß er, anders als die Ökonomen, allen möglichen Nutzen aus diesem »außerordentlichsten Privileg« ziehen wird, das es erlaubt, die »verborgenen Triebkräfte« zu erfassen, die uns an die Güter binden, ohne daß wir »Naturgesetze« anzunehmen hätten, die *zusätzlich* diesen Bindungen Form geben würden. Dank dieses Privilegs wird er eine Soziologie und eine Ökonomie erfinden, die ohne jede Transzendenz auskommen. Er jedenfalls wird vor der Ökonomie nicht die Flucht ergreifen. Er will, daß man dem Gorgonenhaupt ins Auge blickt ...

Aber, so wird man einwenden, die Ökonomen sind nicht dumm, warum haben sie also eine Epistemologie nachzuahmen versucht, die sie so sehr von ihrem Quantifizierungsprojekt entfernt? Warum sollten sie die exakten Wissenschaften nachzuahmen glauben, obwohl sie in Wirklichkeit deren Bewegung der *libido sciendi* umkehrten? Die Antwort Tardes nähert sich sehr der von Karl Polanyi an, und er schöpft im übrigen aus derselben Quelle, wie man an einem Zitat von Sismondi sieht.[16] Es sind mächtige politische Gründe erforderlich, damit man jeden gesunden Menschenverstand fahrenläßt und alle Prinzipien der Methode umkehrt.

> Wieso haben die Ökonomen den Gegenstand der Wissenschaft von der allermateriellsten Seite her betrachtet? Darauf hat Sismondi folgende Antwort: »Die Wissenschaft der politischen Ökonomie ist aus der Finanzwissenschaft entstanden, was den natürlichen Gang der Ideen umkehrt. Die Philosophen wollten das Volk vor den Beraubungen durch den absoluten Machthaber schützen; sie dachten, um gehört zu werden, müsse man zu den Fürsten von ihrem Interesse und nicht von Gerechtigkeit und Pflicht sprechen; sie suchten ihnen deutlich vor Augen zu führen, welches die Natur und die Ursache des Wohlstands der Nationen seien, um sie zu lehren, ihn zu teilen, ohne ihn zu zerstören.« Dies ist einer der Gründe, wieso die politische Ökonomie seit ihren Anfängen eine derart positive Färbung angenommen und – aus Voreingenommenheit – von jeder Überlegung psychologischer oder moralischer Natur abstrahiert hat (PE-1, S. 136).

Eine ganze Disziplin, Tausende von Fachbereichen, Hunderttausende von MBAs, um sich gegen die Beraubung durch den »absoluten Machthaber« zu schützen? All das,

16 Karl Polanyi, *The Great Transformation. Politische und ökonomische Ursprünge von Gesellschaften und Wirtschaftssystemen*, a.a.O.

um seine Besitztümer in Sicherheit zu bringen? Die Erfindung einer ganzen unpersönlichen Wissenschaft, um zu verhindern, daß Personen privilegiert werden? Eine desinteressierte Wissenschaft vom Interesse, die vollständig darauf gegründet ist, Interessen zu verteidigen? Bei allem Verständnis für das Motiv, aber man dürfe doch bitte nicht diese bequeme Lösung, verlangt Tarde, mit den Anforderungen einer Wissenschaft verwechseln; diese hat etwas Besseres verdient. Man muß also die Umkehrung wieder umkehren, muß die Ökonomie auf die Füße stellen und sie endlich auf ihren beiden Beinen laufen lassen: den Ideen, die die Welt lenken (und insbesondere die der Ökonomen, welche die Leidenschaften und Interessen performativ darstellen), und den Wertmessern, die deren Bewegung reflektieren und Lesbarkeit akzentuieren. Man verwechsle nicht länger die Ökonomik, die Ökonomie als *Disziplin* – nie war dieses Wort angemessener –, mit der Ökonomie als Sache. Zwischen Ökonomik und Ökonomie muß man sich entscheiden. Letztere bleibt immer noch ein unbekannter Kontinent, weil erstere, damit beschäftigt, sie performativ darzustellen, ständig ihre wahre Zusammensetzung geflohen hat.

2. Die Natur der Ökonomie

Indem Tarde die Umkehrung einer Wissenschaft, die von den Ökonomen aus allzu politischen Gründen erfunden worden ist, ihrerseits umkehrt, eröffnet er einen Ausblick auf einen Kontinent, der auch noch ein Jahrhundert später großenteils unbekannt ist, den der *Bindungen an Güter und Übel*, woraus er das Herzstück der Disziplin machen will, die er neu zu begründen gedenkt und »ökonomische Psychologie« nennt. Aber wo soll man diesen Kontinent situieren? Sicherlich nicht *unterhalb* von Recht, Moral, Ästhetik, Sitten nach Art einer ökonomischen Infrastruktur, deren kalte Objektivität berechenbaren Gesetzen gehorchte. Gewiß gibt es Gesetze, gibt es Berechnungen, gibt es Objektivierung, doch all das zirkuliert wie der Rest – das haben wir inzwischen verstanden – durch Ansteckung entlang von interkomparativen Netzwerken *ebenso weit*, wie es professionelle und Amateurökonomen gibt, und *ebenso lange*, wie man Buchungstechniken erfindet, entwickelt und aufrechterhält.[1] Dieser gesamte Apparat tritt zu den Assoziationen der Personen und Güter *hinzu*, deren Urteile er teilweise vereinfacht, teilweise aber auch noch weiter kompliziert.

Wenn man jedoch nicht länger daran glaubt, daß die Öko-

1 Weit vor der Entwicklung der Soziologie der Buchhaltung von Forschern wie Antony G. Hopwood und Peter Miller (Hg.), *Accounting as a Social and Institutional Practice*, Cambridge: Cambridge University Press 1994, verzeichnete Tarde bereits ihre Bedeutung.

nomik den tiefen Sinn der Ökonomie eingefangen hat, daß sie sich damit begnügt hat zu formatieren, wie soll man dann eine Sozialwissenschaft erarbeiten, die in der Lage ist, gleichzeitig die Arbeit der Formatierung durch die ökonomischen Wissenschaften und das zu erfassen, was diesen selben Formatierungen ständig entgeht?[2]

Vor der Akkumulation: die Erfindung

Die Lösung Tardes für diese Frage kann uns ziemlich verstörend erscheinen, besteht sie doch darin, die Ökonomie wieder in jene allgemeine Bewegung der Monaden zu werfen, die er in seinen anderen Büchern entwickelt hat.[3] Das Gewimmel der lebendigen Gesellschaften, die in ihrer Verflechtung die Welt weben, ist nicht chaotisch, sondern schafft schließlich Interferenzen, Rhythmen, Amplifizierungen, sofern man bereit ist, drei Etappen in diesem Wuchern zu unterscheiden: die *Wiederholung* einer ersten Differenz, die durch diese Wiederholung hervorgebrachte *Opposition* und schließlich die *Anpassung*, die erlaubt, dank neuer Differenzierungen provisorisch aus diesen Oppositionen herauszufinden. Hüten wir uns davor, in dieser Bewegung eine Rückkehr zur Hegelschen Dialektik zu se-

2 Zu dieser Dialektik von »Formatierung und Sprengung des Formats« (du cadrage et du debordement) siehe Michel Callon, »La sociologie peut-elle enrichir l'analyse économique des externalités? Essai sur la notion de cadrage-débordement«, in: *Innovations et performances. Approches interdisciplinaires*, hg. von Dominique Foray und Jacques Mairesse, Paris: Éditions de l'EHESS 1999.

3 Insbesondere in *Monadologie und Soziologie*, a. a. O.

hen.[4] Kein höheres Gesetz führt diese Welt durch das Spiel von Negativität und Widerspruch zu einer Lösung hin. Kein Abenteuer von Subjekt und Objekt ereignet sich in diesen Affären von Kapital und Arbeit – entgegen den Manuskripten des jungen Marx. Vergessen wir nicht das Wort Tardes, das sich gegen jede Philosophie der Identität wie des Widerspruchs richtet: »Existieren heißt differieren«.[5]
Für ihn besteht folglich das oberste Gesetz nicht in der Negation – und noch weniger in der Negation der Negation –, sondern in der *Invention*, der Erfindung, die, sobald sie einmal wiederholt worden ist, unzählige Kämpfe auslöst, aus denen man nur durch andere Erfindungen herausfindet.[6] Fünfzig Jahre vor Schumpeter, achtzig Jahre vor der Entwicklung der Ökonomie des technischen Wandels stellt Tarde die Innovation und das Verfolgen der Erfindungen ins Zentrum seiner Lehre.[7] Verfolgt die Inno-

4 »Das ist eine soziale Dialektik, welche an die Dreischritte Hegels erinnern könnte, mit dem einzigen Unterschied, daß sie keineswegs die Verletzung der Gesetze der gewöhnlichen Logik verlangt und nur die Unterscheidung zwischen individueller und sozialer Logik voraussetzt. Es ist, wenn man diese Formulierung vorzieht, eine Folge von Dramen in drei Akten, von denen jedes aus einer *Exposition*, einer *Verwicklung* und einer *Lösung* besteht« (PE-2, S. 209 f.).

5 Gabriel Tarde, *Monadologie und Soziologie*, a. a. O., S. 71.

6 Die Theorie René Girards, der in Tarde einen seiner Vorläufer sieht, erfaßt gerade nur einen der drei Aspekte der Nachahmung – den mimetischen Effekt –, ignoriert aber all die anderen, die Tarde gleichwohl herausgearbeitet hat; siehe zum Beispiel René Girard, *Clausewitz zu Ende denken*, Berlin: Suhrkamp 2010.

7 Brian Kahin und Dominique Foray, *Advancing Knowledge and the Knowledge Economy*, Cambridge, Mass.: MIT Press 2006. Dominique Foray und Christopher Freeman, *Technologie et richesse des nations*, Paris: Economica 1992.

vationen, angefangen bei den Maschen, die im Gehirn der Individuen gestrickt werden, einem Gehirn, das selbst, wie wir gesehen haben, als eine Masse von Neuronen konzipiert ist; analysiert, durch welche Kanäle sie sich verbreiten; dokumentiert die Konflikte, die sie auslösen, wenn sie gegen die zuvor wiederholten Innovationen zu kämpfen beginnen; beobachtet, wie sie sich schließlich kombinieren, anhäufen und aufeinander abstimmen, und ihr habt die gesamte Ökonomie, ob es sich um neue religiöse Überzeugungen handelt oder um neue Pflanzen, um neue rechtliche Regelungen, Eisenbahnen, Finanzinstrumente oder politische Meinungen.

> Das Problem läßt sich letztlich folgendermaßen zusammenfassen: der Genese der Inventionen und den Gesetzen ihrer Nachahmungen so dicht wie möglich auf den Fersen bleiben. Zwei Dinge setzt der ökonomische Fortschritt voraus: einerseits eine wachsende Zahl unterschiedlicher Begehren; denn ohne Differenz in den Begehren gibt es keinen möglichen Austausch, und daher wird bei jedem neu auftauchenden unterschiedlichen Begehren der Tausch neu entfacht. Andererseits muß es eine wachsende Zahl ähnlicher Exemplare jedes Begehrens geben; denn ohne diese Ähnlichkeit wäre keine Industrie möglich, und je mehr die Ähnlichkeit sich erweitert oder ihre Dauer verlängert, desto mehr vergrößert oder festigt sich die Produktion (PE-1, S. 165 f.).

Diesem Differenzierungsprozeß wird der Begriff der Akkumulation nicht gerecht. Er beschreibt eine Phase – aber bloß eine – der Industrie, während deren einzig der Wiederholungsoperator aktiv ist. Er markiert nur einen – wenngleich notwendigen – Moment der Entwicklung, der den Märkten zu wachsen, doch nie den Pfad zu ändern erlaubt.[8] Außerdem ist er das Produkt einer ökonomischen Wissenschaft, angefangen bei der Wirtschaftssoziologie, die die Wesen – Menschen und Güter, Dienste und Technologien – als austauschbar behandelt, weil man sie nur von weitem betrachtet, ohne die kleinen Differenzen zu erfassen, die erklären, wieso der Wandel keine exogene Erschütterung ist, die auf die monomanen Kapitalisten von außen einwirkt. Genau das kritisiert Tarde an Darwin:

> Sein Irrtum [...] scheint mir darin bestanden zu haben, daß er sehr viel mehr Wert auf die Konkurrenz des Lebendigen gelegt hat, die biologische Form der Opposition, als auf Kreuzung und Hybridität, welche biologische Formen der Anpassung und der Harmonie sind. Eine derart wichtige Funktion wie die Hervorbringung einer neuen Art kann keine fortgesetzte und alltägliche Funktion sein, wenn die bloße Hervorbringung eines neuen Individuums, die Fortpflanzung, eine nicht kontinuierliche Funktion ist. Ein außergewöhnliches Phänomen und nicht ein alltägliches muß am Grunde dieser spezifischen Neuheit liegen. Und [...] eine fruchtbare Hybrididtät, durch Ausnahme, ist sehr viel geeigneter als eine erbliche Akkumulation kleiner vor-

8 Zum Begriff der Pfadabhängigkeit, einem sehr tardeschen Begriff, siehe Richard R. Nelson und Sidney G. Winter, *An Evolutionary Theory of Economic Change*, Cambridge, Mass.: Belknap Press of Harvard University Press 1982.

> teilhafter Variationen, durch Konkurrenz und Selektion, um die Bildung neuer Lebenstypen zu erklären (PE-1, S. 10).

Wenn die Akkumulation nicht der relevante Ausgangspunkt ist, um die Dynamik der Ökonomie zu verstehen, dann muß sich der Blick anderswohin richten. Die Interferenz und die Intersektion der Linien der Begehren, welche die Individuen durchziehen, sind sehr viel geeigneter, um über die Wahrscheinlichkeit von Wendepunkten zu unterrichten.[9] Darin liegt das Problem des Akkumulationsbegriffs: Über die *Intensitäten* der Ökonomie gibt er keine Auskunft.

> Wenn auf dem Schlachtfeld im entscheidenden Moment die richtige Einschätzung des Generals den schwankenden Sieg erringt, so ist dieser der plötzlichen Idee geschuldet, nicht der Akkumulation der vorangegangenen Anstrengungen. Und wenn unter tausend Forschern ein einziger in einer plötzlichen Intuition die Lösung des Rätsels entdeckt, das alle gleichermaßen beschäftigt, so sind es nicht die langen und unfruchtbaren Anstrengungen der anderen, noch nicht einmal die Länge und Intensität seiner eigenen – die oft geringer sind als die ihren –, denen das Verdienst der Entdeckung zuzuschreiben ist (PE-1, S. 224).

Die Akkumulation ist kein guter Kandidat, und die Anstrengung allein garantiert nichts: Was also bleibt den

9 Das ist der ganze Sinn der Arbeiten von Franck Cochoy, *Une sociologie du packaging ou l'âne de Buridan face au marché*, PUF: Paris 2002.

Ökonomen, um die Formen der Wirtschaft zu erklären? Das Genie selbstverständlich, aber ein Genie, das zunächst einmal gewonnen wird durch die Interferenz aller Nachahmungslinien. Das Genie garantiert nichts, es ist nur eine Abkürzung für das, was man beobachtet hat, keineswegs jedoch das, was man voraussieht. Die einzigartige Konfiguration, welche die Lösung für ein widerspenstiges mathematisches Problem in Existenz bringt, oder die Einschätzung des Generals, welcher seine Truppen vor dem Untergang rettet, sind *a posteriori* genial, aber weder der Autor des Theorems noch der General für sich genommen. Ziemlich oft erwähnt Tarde das Genie, als gewährte er der Hülle der »genialen« Person Wichtigkeit, aber es ist eine sprachliche Vereinfachung und eine bestimmte Weise, das Kompositionsvermögen von Einflußlinien heraufzubeschwören. Das Genie ist nicht Ausgangspunkt, es ist weder der Ort der Aktion noch der Passion. Viel eher ist es ein Moment der Weißglut, der nur beschrieben, niemals jedoch von neuem geschaffen werden kann. Auch hier stellt Tarde keinen Gegensatz auf zwischen dem mysteriösen Ursprung des genialen Individuums und der sklavischen Nachahmung vorgängiger Modelle. Er wechselt die Ebene: Das Genie ist jenes Individuum, in dem die Vielheiten von Wiederholungen und Nachahmungen (jene Gewitter unter der Schädeldecke), wenn wir so sagen dürfen, ihr eigenes Leben leben.[10]

Bemerken wir im Vorbeigehen, daß der Tausch, der so oft als eine Säule der Robinsonaden des 19. Jahrhunderts dient,

10 Mit dieser Originalität von Tarde beschäftigt sich insbesondere Maurizio Lazzarato, *Puissances de l'invention*, a. a. O.

in der Tardeschen Ökonomie kein Bürgerrecht erhält. Gewiß existiert der Tausch, aber er wird auf seine angemessene Rolle in der Genealogie der Märkte zurückgestutzt. Was einen Markt ins Leben ruft, was eine Ökonomie aufbaut, ist nicht der Tausch, der nur ein Nullsummenspiel ist, sondern im Gegenteil das Zusammenbringen, die Koordination von Energien, die bis dahin verstreut waren. Und die Hauptrolle in diesem Zusammenbringen schreibt Tarde dem Glauben und dem Vertrauen zu.

> Man hat erst die Hälfte der Wahrheit gesagt, wenn man im Tauschkontrakt den wesentlichen und ursprünglichen ökonomischen Tatbestand sieht. In Wirklichkeit begünstigt und entwickelt der Tausch unmittelbar nur die Konsumtion. Der unmittelbare Produktionsagent ist ein anderer Kontrakt, nicht weniger ursprünglich, nicht weniger grundlegend, nämlich der Darlehensvertrag. Im Tausch leistet man sich gegenseitig einen Dienst, aber indem man sich mißtraut: nichts ohne Gegenleistung; im Darlehen bringt man Vertrauen ein (PE-1, S. 376).

Zwischen Glauben und Erfindung läßt sich demnach ein sehr eigentümlicher Zusammenhang beobachten: hier wie dort dieselbe Bewegung der Inbezugsetzung und Versammlung von Entitäten, die bis dahin getrennt waren. Es braucht Vertrauen, damit die ersten Transaktionen das Licht der Welt erblicken; man muß das krampfhafte Festhalten des *Homo oeconomicus* an der Verlockung des Gewinns lockern, denn es sind gleichermaßen Leidenschaft wie Risikobereitschaft erforderlich, um die Wirtschaft durch die Emergenz kleiner Differenzen auf neue Wege zu bringen. Das Vertrauen, wie die Erfindung, nimmt neue Aggregierungen vor, es faltet die Wirtschaft auf eine bestimmte Weise, die anschließend durch Wiederholung verstärkt wird.

»Differenz und Wiederholung« – so lautet nicht nur der Titel der Habilitationsschrift von Gilles Deleuze,[11] sondern auch das Grundprinzip Tardes. Erfindung produziert Differenzen; Wiederholung ermöglicht ihre Verbreitung; Konflikte sind unumgänglich; keinerlei prästabilierte Harmonie bietet eine Lösung (wie wir noch sehen werden), sondern man muß weitere Lösungen erfinden, um provisorisch weitere Innovationen hervorzubringen. Welche wiederum, indem sie sich wiederholen, weitere Differenzen produzieren werden, womit der Kreislauf wieder von vorne beginnt. Das ist der Grundrhythmus, der Basso continuo, durch den allein man der ökonomischen Aktivität Realismus verleihen kann. Was wir verfolgen müssen, um eine ökonomische Wissenschaft aufzubauen, das sind »logische Duelle« und »Seelenzustände«.

> Von Verkäufer zu Kunde und von Kunde zu Verkäufer, von Konsument zu Konsument und von Produzent zu Produzent, seien sie Konkurrenten oder nicht, vollzieht sich eine fortwährende und unsichtbare Passage von Seelenzuständen, ein Austausch von Überzeugungen und Erregungen – durch Gespräche, durch Zeitungen, durch das Beispiel –, der den kommerziellen Austausch-

11 Gilles Deleuze, *Differenz und Wiederholung*, München: Fink 2007 (3. Aufl.).

> prozessen vorausgeht, sie oft überhaupt erst ermöglicht und stets dazu beiträgt, ihre Bedingungen festzulegen (PE-2, S. 30).

Das Gefüge der Vektoren und Tensoren, das die Bindungen der Personen und Güter definiert, setzt sich – und hierin liegt die ganze Originalität Tardes – aus Argumenten zusammen, deren Prämissen und Ableitungen *praktische Syllogismen* bilden, die tatsächlich den ganzen Inhalt der Ökonomie ausmachen.

> Ob durch autoritäre Suggestion oder durch Beweisführung, wir können unsere Gedanken dem anderen nur mitteilen (was das Äquivalent der Gabe der Güter ist, des einseitigen Beginnens mit dem Austausch der Güter), indem wir sie von ihrer meßbaren und quantitativen Seite präsentieren. Wenn es darum geht, unser Urteil mit Gewalt in den Kopf eines anderen hineinzubringen, durch Beweisführung, so braucht es einen Syllogismus, der mehr oder minder explizit ist, das heißt eine zwischen zwei Ideen hergestellte Beziehung von Art zu Gattung oder von Gattung zu Art; dies heißt, daß die eine in der anderen enthalten ist, daß sie zur *Anzahl* (bestimmt oder unbestimmt, aber real) der ähnlichen Dinge gehört, die auch als *ähnlich* wahrgenommen werden, während die andere, die allgemeine Proposition, sie umfaßt und enthält (PE-1, S. 289 f.).

Für Tarde ist die ökonomische Materie – und genau das bleibt für uns so schwierig zu verstehen – eine reale Kraft, weil sie eine rhetorische Macht ist: Es handelt sich wirklich um Syllogismus, Überredung und Überzeugung. Oder vielmehr, die Rhetorik gewinnt hier eine solche Macht, weil sie sozusagen übergreift auf die Fähigkeit der Monaden, zu bewerten und zu berechnen.[12] Wegen dieses Untergrundes »berechenbarer Kräfte« kann die Hinzufügung von Berechnungsvorrichtungen, metrologischen Ketten ein solches performatives, explikatives Vermögen gewinnen, daß diese sogar zu Produktionskräften werden können.[13] Weil die Monaden die ganze Zeit und auf alle mögliche Arten rechnen, kann die Hinzufügung dieser winzigen Prothesen, welche die Berechnungsvorrichtungen sind, eine so erstaunliche Ausweitung der Bewertungen mit sich führen. Die ganze List Tardes besteht darin, dem Gemenge der Berechnungen die entscheidende Rolle der Theorien und Doktrinen hinzuzufügen.

Nirgends sieht man seinen Scharfsinn besser am Werk als

12 Tarde bemüht sich im Grunde, den banalen Ausdruck der Überzeugungs*kraft* ernst zu nehmen. »Verweilen wir noch bei den Unterscheidungsmerkmalen des Geldes und den ökonomischen Veränderungen, die durch sein Aufkommen herbeigeführt werden. Durch das Geld gewinnt die politische Ökonomie einen Anschein von *sozialer Physik*, der die ersten Soziologen verführt und getäuscht hat, auch wenn das sehr verständlich ist. Das Geld hat mit der *Kraft*, einem wesentlichen Begriff der Physik, das Merkmal gemeinsam, daß es eine Möglichkeit, eine unendliche Virtualität ist. Die Kraft ist die Möglichkeit einer bestimmten Quantität von Bewegung in unendlich viele Richtungen; das Geld ist die Möglichkeit einer bestimmten Quantität von Wert, die durch unendlich viele Käufe gewonnen werden kann« (PE-1, S. 301).

13 Aus diesem Grund wird Tarde sich in eine vollständige Rekomposition der Logik werfen – die ebenso merkwürdig ist wie seine Rekonstitution der politischen Ökonomie. Siehe Gabriel Tarde, *La logique sociale*, Paris: Les Empêcheurs de penser en rond 1999.

bei dem – ach so abgedroschenen – Thema des »gerechten Preises«. In keinem Moment hält er es für möglich, sich auf die Natur – das Naturrecht – zu berufen, um den Unterschied zum »realen Preis« festzustellen, aber er greift auch niemals allein auf die Objektivität der Märkte zurück, um diesen Preis zu bestimmen.

> Weil die Ökonomen als natürlichen oder normalen Preis denjenigen betrachteten, zu dem die freieste, zügelloseste Konkurrenz führt, haben sie geglaubt, die störende Idee des gerechten Preises eliminieren zu können. Aber in Wirklichkeit haben sie so nichts weiter getan als die realen Preise zu rechtfertigen, oft Wucherpreise, die unter dem tyrannischen Einfluß des Stärkeren gebildet worden sind. Und das Unglück will es, daß diese Sichtweise, die für sich genommen im Grunde eine unbewußte Weise ist, sich einen gerechten Preis vorzustellen, während man ihn gleichzeitig verneint, eben dadurch eine gewisse Wirkung, eine ziemlich beklagenswerte, auf den realen Preis ausübt. Wenn alle Welt davon überzeugt ist, im Vertrauen auf frühere Ökonomen, daß der »durch das freie Spiel von Angebot und Nachfrage« festgelegte Preis *die Gerechtigkeit selbst ist*, trägt *diese allgemeine Überzeugung unzweifelhaft* dazu bei, daß sich ohne Protest, ja sogar mit allgemeiner Zustimmung überhöhte Preise oder lächerlich geringe Preise durchsetzen, die das öffentliche Bewußtsein zu anderen Zeiten abgelehnt hätte (PE-2, S. 38 f.).

Wie stets bei Tarde tun die Wissenschaften etwas Besseres, als zu erkennen, sie treten zur Welt hinzu, sie implizieren sie, sie falten sie, sie komplizieren sie an zahlreichen Punkten, während sie sie an anderen simplifizieren; man sollte jedoch nie davon ausgehen, daß man sich ihnen anvertrauen darf, um die Moral zu eliminieren, die »störende Idee« sozialer Gerechtigkeit. Selbst wenn jemand durch viel wissenschaftliche Prätention dahin gelangte, Kräfteverhältnisse, objektive Wissenschaft und die Natur der Dinge zusammenfallen zu lassen, so könnte er doch nicht verhindern, daß Millionen von Abweichungen, Beurteilungen, kleinen Differenzen und Kritiken schließlich das Verhältnis zwischen »gerechtfertigtem Preis« und »gerechtem Preis« anders einschätzen würden.

> Wie kann man im übrigen die Wirkung der Vorstellung negieren, die sich jede Epoche oder jedes Land von der Gerechtigkeit auf dem Gebiet der Preise macht? Gibt es denn überhaupt eine Konsumtion, der die Moral vollkommen fremd wäre, wenn man unter Moral die überlegene und tiefe Regelung des Verhaltens zugunsten der wichtigsten Überzeugungen und Leidenschaften versteht, die das Leben lenken? Und wenn man von diesen beherrschenden Überzeugungen und Leidenschaften abstrahiert, die stillschweigend oder bewußt die sozialen und individuellen Kräfte par excellence sind, was erklärt man dann noch in der politischen Ökonomie? (PE-2, S. 37)

Nichts wird die leidenschaftlichen Interessen abkühlen. Sich eine endlich wissenschaftlich gewordene Ökonomie vorzustellen, die kalt über die Individuen herrscht, welche endlich rational und vernünftig geworden sind und durch eine gute Regierungsform (*good governance*) regiert werden, ist, als wollte man sich ein ökologisches System ohne Tiere, Pflanzen, Viren und Würmer vorstellen.

Ein sozialer, aber umgekehrter Darwinismus

Das Modell, soviel wird man verstanden haben, ist eher nach Darwin geraten als nach Hegel. Man wird einwenden, daß die ganze zweite Hälfte des 19. Jahrhunderts darwinistisch ist, wie Spencer, wie Engels, wie Bergson. Aber dank seiner Metaphysik der Differenz versteht Tarde von vornherein, daß der Darwinismus, dieses beste Heilmittel gegen den Providentialismus, sogleich zum Gift des Sozialdarwinismus werden kann, wenn man ihm heimlich, zusätzlich zu den Monaden, eine künstliche Struktur, einen Gesamtplan, eine Zweckbestimmtheit hinzufügt.[14] Alles ist Erfindung, Vielheit und Wiederholung, doch kein Plan, keine Dialektik, keine Finalität lenken sie. Vor allem bei den Lebewesen, unseren nahen Verwandten, darf man auf keinen Fall damit anfangen, das Organisierende vom Organisierten zu trennen. Tarde ist einer der seltenen Denker des 19. Jahrhunderts, die den Darwinismus »verarbeitet« haben, ohne seine Entdeckungen auf der Stelle durch die Hinzufügung einer künstlichen Transzendenz zu er-

14 Diese Kritik ist nach wie vor aktuell, sogar in der Biologie; das sieht man an der Kritik des Providentialismus der Struktur und der Information in der zeitgenössischen Theorie der Gene, wie sie Pierre Sonigo vorbringt. Siehe beispielsweise Jean-Jacques Kupiec und Pierre Sonigo, *Ni Dieu ni gène*, Paris: Le Seuil 2000.

sticken, wie etwa die schöpferische Evolution, das Optimum, die Selektion der Leistungsfähigsten.[15] Hier haben wir eine weitere Originalität Tardes: Für ihn besagt naturalisieren stets ent-objektivieren, um zu »intersubjektivieren« und damit gleichzeitig die ökonomische Aktivität der szientistischen Prätention zu entreißen. Daher sieht er sofort, wie man Darwin das Gift entziehen kann, um nur das Heilmittel gegen jene schwere Krankheit übrigzulassen, die darin besteht, im Lebendigen den »Plan einer Intelligenz« zu sehen (der amerikanische Ausdruck dafür lautet bekanntlich *intelligent design*).

Wir wissen gut, daß der Stein des Anstoßes, in der Ökonomie wie in der Biologie, stets in der Frage der Konkurrenz, des Wettstreits, der Aggression besteht. Den falschen Darwinisten kann man immer dadurch vom wahren unterscheiden, daß ersterer Vergnügen daran findet, die ökonomische Konkurrenz zu rechtfertigen, indem er Geschichten von Wolf, Fuchs, Bonobo, der Gottesanbeterin etc. anführt.[16] Tarde aber verhindert mit sicherer Hand, daß man die Konkurrenz für etwas anderes hält als einen besonderen Moment zwischen Erfindung und Anpassung.[17]

15 Es ist interessant, daß die Memetiker – die Vertreter jener approximativen Wissenschaft vom »Mem«, in Nachahmung der Genetik, der Wissenschaft vom »Gen« – sich ebenfalls auf Tarde berufen. Blackmore, Susan J. (2000), *Die Macht der Meme oder die Evolution von Kultur und Geist*, Heidelberg: Spektrum 2000.

16 Das ist der ganze Sinn des Buches von Karl Polanyi, *The Great Transformation*, a. a. O.: verfolgt zu haben, wie die entstehende ökonomische Wissenschaft in Wirklichkeit, unter dem Anschein einer Biologie neuen Stils, die Theorien des alten Naturrechts wiederaufleben ließ.

17 »Man kann darüber staunen [...], daß man dieselben Schriftsteller

In diesem Punkt gibt es bei ihm keinerlei Zweideutigkeit: Man muß sowohl Ökonomisten wie Naturalisten revidieren, um zu erfassen, was die »Natur« uns wirklich zu bieten hat.

Dieser Irrtum ist gewiß nicht nur für die Ökonomen typisch, sie haben ihn von den Naturalisten entlehnt; diese sind schon seit langem, und zwar recht heftig, von der paradoxen Vorstellung verführt worden, im ständigen Kampf der Lebewesen die grundlegende Ursache des Fortschritts zu sehen und im allgemeinen Mord der Individuen sogar die Schöpfung der Arten. Und sicher ist es gut, daß dieses Paradox bis zum Ende durchdacht worden ist vom Genie eines Darwin, denn gegenwärtig bleibt erwiesen, daß die natürliche Selektion zwar ein ausgezeichnetes Agens der reinigenden Eliminierung ist, daß sie aber nichts schafft und daß sie voraussetzt, was sie zu erklären vorgibt, nämlich die lebendigen Erneuerungen in Form von individuellen Variationen, und daß das Geheimnis dieser Schöpfungen des Lebens sich, unseren Augen unzugänglich, in der Tiefe des befruchteten Eies verbirgt, anstatt in der äußeren Erschütterung sich bekämpfender Organismen zu bestehen. [...]

Sieht man nicht, daß die zunehmende Propagierung der Konkurrenz im Lebenskampf und der Selektion wilde

ziemlich oft gleichzeitig das Lob der Konkurrenz und des Tausches anstimmen sieht«, amüsiert er sich (PE-2, S. 65). »Kurzum, die Konkurrenz ist weit davon entfernt, die enthusiastischen Hymnen zu verdienen, die zu ihrer Ehre von Generationen von Ökonomen gesungen worden sind« (ibd., S. 86).

> Begehrlichkeiten zwischen Nationen und Klassen entfesselt hat? Es war eine Gesellschaft erforderlich, die vom Recht des Stärkeren – gut oder schlecht von diesen Hypothesen abgeleitet – völlig durchtränkt war, um die enorme Summe von Angriffen gegen die Schwachen oder Besiegten zu ermöglichen, die unter dem Namen der Kolonialpolitik oder des Klassenkampfs unsere europäischen Staatsmänner bereits praktizieren oder unsere Theoretiker im vorhinein rechtfertigen (PE-2, S. 87 f.).

Wie man sieht: keine Spur eines heimlichen Einverständnisses mit den Phantasmen einer Naturalisierung des Lebenskampfes. Man wird ein halbes Jahrhundert warten müssen, bevor man im meisterhaften Buch von Polanyi dasselbe Niveau der Entrüstung über den schrecklichen Sophismus einer erlogenen Ökonomie wiederfindet, die durch eine gleichermaßen erlogene Sicht der Biologie gerechtfertigt wird. Aber Tarde geht weiter als Polanyi, denn auch die Irrtümer der Biologie will er korrigieren; nicht nur die Ökonomie, sondern die Natur selbst will er von jedem Providentialismus reinigen:

> [Der Irrtum] ist nicht nur geeignet, den Geist zu verfälschen, sondern auch das Herz zu verderben. Er besteht darin, im Grunde zu glauben, daß es hinter dem Stoff, auf dem sich die menschlichen Ereignisse weben, eine Art beunruhigende mephistophelische Ironie gibt, die Vergnügen daran findet, das Gute aus dem Bösen und das Böse aus dem Guten entstehen zu lassen, den mörderischen Haß, die Verärgerung und den streitlustigen

> Konflikt von Egoismus und Raubgier mit heilsamer Fruchtbarkeit zu versehen und Liebe, Glauben, Uneigennützigkeit und Selbstlosigkeit schädlich zu machen. Eine betrübliche Doktrin, deren Wahrheit man bedauern müßte, während man sie lehrte, wenn sie denn wahr wäre; die aber, da sie als falsch erwiesen ist, radikal ausgerottet werden muß, denn sie ist eine Ermutigung zum Bösen, das von ihr gepriesen wird, und sie lähmt die hochherzigen Regungen, die von ihr mit Ohnmacht belegt werden (PE-2, S. 87 f.).

Wie schon in der Frage des gerechten Preises kann man hier noch einmal die Wirksamkeit einer Soziologie ermessen, die stets dem materiellen Weg folgt, der von den Ideen durchlaufen wird: Um »wilde Begehrlichkeiten« zu entfesseln und »Angriffe gegen die Schwachen und Besiegten« vorzunehmen, braucht man eine »Doktrin«, und also Forscher, Denker, Medien, metrologische Ketten. Eine Doktrin, die um so »betrüblicher« ist, als sie sich nicht damit begnügt, den Menschen auf die Stufe des Tiers zu erniedrigen, wie die üblichen Kritiken an der natürlichen Auslese lauten, sondern, was in den Augen Tardes fast noch schwerer wiegt, auch das Tier und das Lebewesen auf das zu erniedrigen, was der Ökonomismus aus den Menschen hat machen wollen! Wenn es etwas gibt, das Tarde nicht autorisiert, so ist es, den Krieg und das Überleben der Leistungsfähigsten zu rechtfertigen: Diese Weigerung erstreckt sich auf Pflanzen und Tiere genauso wie auf Menschen. Das heißt nicht, daß es keine Konflikte gäbe. Im Gegenteil, sie machen die Hälfte von Tardes Buch aus. Nie vertraut er auf die Wonnen einer harmonischen Ökologie, die sich auf den großen Frieden der Natur beruft, um mit der menschlichen Niedertracht Schluß zu machen. Die Konflikte sind überall, aber nichts lenkt sie, keinerlei *Optimum* garantiert das Überleben der Leistungsfähigsten. Es gibt keine Dialektik, weder Vorsehung noch Mephistopheles, weder Gott noch Teufel. Naturalisieren bedeutet für ihn nicht, zu erniedrigen, sondern im Gegenteil die ökonomische Aktivität zu *erhöhen* bis zu einem Grad der Proliferation, Multiplikation, Invention, der es erlauben wird, den *Inhalt* der Güter zu erklären – und nicht bloß die *Form* des Austauschs.

Die Produktionsfaktoren umverteilen

Diese darwinistische (aber weder *sozial-* noch *neo*-darwinistische) Konzeption vom Verflochtensein einer Ökonomie der Natur macht aus Tarde, in einem gewissen Sinn, tatsächlich den aufmerksamen Beobachter dessen, was man zu seiner Zeit noch nicht Biotechnologien und Biopolitiken nannte. Da die Naturen, inzwischen im Plural, keine Finalität haben, da sie alle sozusagen von unten gekommene Erfindungen sind, verbietet nichts den Menschen, ihnen Zwecke hinzuzufügen!

> Das ideale Ziel, dem die Menschheit zustrebt, ohne bereits ein präzises Bewußtsein davon zu haben, besteht einerseits darin, mit der Elite aller Faunen und Floren des Planeten ein harmonisches Konzert der Le-

bewesen zu bilden, das in ein und demselben System der Zwecke mit den frei verfolgten Zwecken des Menschen konspiriert. Und andererseits darin, alle Kräfte, alle anorganischen Substanzen einzufangen, um sie zusammen als einfache Mittel den von nun an konvergierenden und zusammenstimmenden Zwecken des Lebens zu unterwerfen. Man muß sich in die Perspektive dieses fernen Ziels versetzen, um zu verstehen, wie sehr die grundlegenden Konzeptionen der politischen Ökonomie revidiert werden müssen (PE-1, S. 278).

An diese Revision geht Tarde in der *Psychologie économique*. Indem er die ökonomische Aktivität wieder in den universellen Strom der Monaden versetzt, denkt er keinen Moment lang, daß man unter den Erfindungen der Ökonomie etwas anderes verstehen könnte als eine *Erweiterung* der Erfindungen der Natur. Worin besteht für ihn der Hauptfaktor der Produktion? Im Anschluß der menschlichen Erfindungen an die unzähligen Erfindungen dieser von nichts vereinten Natur.

Ist es nur die Reproduktion der Reichtümer? Meinetwegen, aber unter der Bedingung, eine vollständige Analyse der Ursachen dieser Reproduktion durchzuführen. Wer nur *Boden*, *Kapital* und *Arbeit* unterscheidet, klärt uns nicht sehr auf. Wenn man diesen Dingen auf den Grund geht, findet man, daß sie sich in Wiederholungen unterschiedlicher Natur auflösen. Was ist denn der Boden, wenn nicht das Ensemble der physisch-chemischen und lebendigen Kräfte, die aufeinander einwirken, mittels einander wirken und von de-

> nen die einen – Wärme, Licht, Elektrizität, chemische Substanzen und Kombinationen – in strahlenden Wiederholungen ätherartiger oder molekularer Schwingungen bestehen, die anderen – Kulturpflanzen und domestizierte Tiere – in nicht weniger strahlenden und expansiven Wiederholungen von Generationen, die demselben organischen Typ entsprechen oder einer neuen Rasse, die durch die Kunst der Gärtner und Züchter geschaffen worden ist? (PE-1, S. 143 f.)

Man sieht, wie Tarde das Problem der Naturalisierung löst: indem er sich den Innovationen, Wiederholungen, Anpassungen der Dinge selbst annähert, indem er ihnen, wie er sagt, neue *Gewohnheiten* vorschlägt. Für den heutigen Leser, der die Produktionsfaktoren sogleich im Kapital und in der Arbeit sucht, zieht Tarde die erstaunliche Konsequenz, sie beide umzuverteilen.

> Was ist denn *Arbeit*, wenn nicht ein Ensemble von menschlichen Aktivitäten, die dazu verdammt sind, eine bestimmte Reihe von durch Lehre und Beispiel erlernten Akten unendlich zu wiederholen, deren Ansteckung ebenfalls unaufhörlich dazu tendiert auszustrahlen? Und was ist denn das *Kapital* selbst, wenn nicht – in dem, was meiner Ansicht nach daran wesentlich ist – eine bestimmte Gruppe von gegebenen Erfindungen, die aber von dem, der sie ausnutzt, als bekannt betrachtet werden, das heißt als von den Erfindern an ihn übertragen durch eine geistige Wiederholung, die sich zunehmend verallgemeinert und vulgarisiert hat? (PE-1, S. 144)

Denn Tarde, könnte man sagen, liebt die Forschung, aber nicht die Arbeit! Er lobt, im Jahre 1902, die Kultur der Freizeit, der Cafés, der Konversation, der Mode, des Tands, des Tourismus … Gerade in jener Epoche, wo das eherne Gesetz der Langeweile und der Mechanisierung, bald dann der Fließbandarbeit sich durchsetzt, stimmt er ein Loblied auf die Muße an, auf das Geplauder der müßigen Klassen, wie in der folgenden erstaunlichen Passage, wo er über eines seiner Lieblingsthemen berichtet, die Konversation als wesentlichem Produktionsfaktor:

> Die Konversation ist ein Thema, das den Ökonomen ganz besonders interessiert. Es gibt keine ökonomische Beziehung zwischen Menschen, die nicht zunächst begleitet wäre von Worten, gesprochenen Worten oder geschriebenen, gedruckten, telegrafierten, telefonierten. Selbst wenn ein Reisender irgendwelche Produkte mit Inselbewohnern austauscht, deren Sprache er nicht kennt, so findet dieser Warenaustausch nur mit Hilfe von Zeichen und Gesten statt, welche eine stumme Sprache sind. Und wie sind im übrigen diese Bedürfnisse der Produktion und der Konsumtion, des Verkaufs und des Kaufs entstanden, die durch den dank Konversationen vollbrachten Austausch gegenseitig befriedigt werden? Meist wiederum nur dank Konversationen, die die Idee eines neuen zu kaufenden oder zu produzierenden Produkts von einem Gesprächsteilnehmer zu einem anderen verbreitet haben und mit dieser Idee das Vertrauen in die Qualitäten dieses Produkts oder seinen baldigen Absatz, schließlich den

> Wunsch, es zu konsumieren oder zu fabrizieren. Würde das Publikum niemals plaudern, so wäre die Auslage der Waren fast stets verlorene Mühe und die hundert Millionen Trompeten der Reklame würden vergeblich erschallen. Wenn in Paris nur für acht Tage die Konversationen verstummten, so würde man bald die eigenartige Verringerung der Anzahl der Käufe in den Läden bemerken. Es gibt demnach keinen mächtigeren Chef der Konsumtion und in der Folge, keinen mächtigeren, wenn auch indirekten Produktionsfaktor als das Geplauder der Individuen in ihren Mußestunden (PE-1, S. 195).

Das hätte Marx nicht gefallen. Aber was sagen heute die Spezialisten des viralen Marketing dazu, die mit den Präzisionswaagen einer extremen Sensibilität die geringsten Stimmungsschwankungen in den narzißtischsten Blogs berechnen? Noch einmal, Tarde besaß damals nicht das Mittel, um zu beweisen, daß die Quantifizierungen, nach denen er strebte, moglich waren, doch heute erlaubt die allgemeine Digitalisierung, vielleicht mit mehr Nutzen auf seine anfänglichen Hypothesen zurückzukommen.

Tendenzen des Kapitals

Eine schockierende Umkehrung der Werte, welche die harte Realität der materiellen Basis auf den Kopf stellt? Aber Tarde kehrt hier nichts um, weil es für ihn weder Basis noch Überbau gibt! Denn er hat zuvor die Produktionsfaktoren umverteilt, indem er in den subtilen Variationen der Überzeugung und des Begehrens die wahrhaften Quellen des Werts ausgemacht hat. Mit nur ein wenig Übertreibung könnte man sagen, daß in der Ökonomie alles oberflächlich, moralisch, irrational, daß alles Finesse ist. Um sich davon zu überzeugen, muß man nur die Behandlung lesen, die er dem Kapital angedeihen läßt.

> Im Begriff des Kapitals muß man meiner Ansicht nach zweierlei unterscheiden: 1. das wesentliche, notwendige Kapital: es besteht in der Gesamtheit der vorherrschenden Erfindungen, den ersten Quellen jedes aktuellen Reichtums; 2. das Hilfskapital, das mehr oder weniger nützlich ist: es besteht im Anteil der Produkte, die aus jenen Erfindungen hervorgegangen sind und dazu dienen, mittels neuer Dienste andere Produkte zu schaffen.
> Diese beiden Bestandteile unterscheiden sich in etwa so, wie im Samenkorn einer Pflanze der Keim sich von jenen kleinen Vorräten an Nahrung unterscheidet, die ihn umhüllen und die man Keimblätter oder Kotyledonen nennt. Die Keimblätter sind nicht unbedingt erforderlich; es gibt Pflanzen, die sich ohne sie fortpflanzen. Sie sind allerdings sehr nützlich. Die Schwierigkeit besteht nicht darin, sie zu bemerken, wenn man das Samenkorn öffnet, denn sie sind relativ voluminös. Der winzige Keim ist zwischen ihnen kaum sichtbar. Jene Ökonomen, für die das Kapital einzig im Sparen und in der Akkumulation früherer Produkte besteht, gleichen Botanikern, für die das Samenkorn gänzlich aus Keimblättern bestünde (PE-1, S. 336).

Das »Keimblattkapital«! Man stelle sich Lenin in Zürich vor, wie er Tarde liest und angesichts dieses lächerlichen botanischen und bukolischen Bildes laut loslacht. Hier sind wir ziemlich weit entfernt von der Bilderwelt der riesigen Maschinenhämmer, der Fabriken mit ihren qualmenden Schloten, der Werkstätten, Streiks, Barrikaden, die – damals – den Geist der Revolutionäre entflammten. Doch gemach! Noch ist die Geschichte nicht zu Ende. Wer heute an den rostigen Überresten der Industrieruinen vorbeigeht oder Kränze an den Denkmälern für die Opfer der Revolutionen niederlegt, dürfte mit mehr Aufmerksamkeit lesen, worin sich laut Tarde das »Hilfskapital« vom »wesentlichen Kapital« unterscheidet:[18]

> Kurzum, das einzige, was streng genommen wirklich für die Produktion einer neuen Lokomotive unerläßlich ist, ist die detaillierte Kenntnis der Teile einer Lokomotive, ihrer Fabrikationsweise und zuvor noch der Gewinnung der Materialien, aus denen sie bestehen. Dieses Bündel von Ideen, deren jede eine kleine oder große Erfindung ist, die zurückgeht auf einen bekannten oder unbekannten Erfinder, dieses Bündel von Inventionen, vereint in einem Gehirn: Das ist der einzige Anteil früherer Produkte – denn dies ist ein geistiges Produkt, die Frucht schulischen Unterrichts –, der in strenger Notwendigkeit für den Bau einer Lokomotive

18 Vincent Antonin Lépinay, »Economy of the Germ: Capital, Accumulation and Vibration«, *Economy and Society* 36 (2007), S. 526-548.

> erforderlich ist. Dasselbe ließe sich für die Fabrikation jedes beliebigen Artikels sagen.
> Sicherlich befände sich ein Individuum, welches auf dieses geistige Erbe der Vergangenheit reduziert bliebe und weder über Samen noch Vorräte noch Werkzeuge verfügte, in beklagenswerten Bedingungen, um ein landwirtschaftliches oder industrielles Werk zu vollbringen. Aber es wäre ihm nicht vollkommen unmöglich, ein wenig früher oder später zu produzieren – wäre es dagegen mit den üppigsten Vorräten an Samen oder Materialien ausgestattet, die durch Sparsamkeit zusammengetragen und akkumuliert worden sind, und mit dem perfekten Werkzeug ausgerüstet, befände sich aber gleichzeitig in Unkenntnis der Geheimnisse der Industrie, die es zu leiten gewillt ist, oder der Methoden des Anbaus, dem es nachgeht, so bliebe es trotz all seines angeblichen Kapitals unvermögend zur Produktion (PE-1, S. 334).

Wir, die wir ein Jahrhundert nach Erscheinen dieses Buches uns mit den sogenannten »Wissens«-Gesellschaften auseinandersetzen, uns der Globalisierung gegenübersehen, konfrontiert sind mit den so brennenden Fragen der technischen Forschung, der Innovationspolitik, und die beginnen, in die innersten Vermögen der Lebewesen einzudringen, wir verstehen gut, daß das Bild des Kapitals sich von Grund auf ändern muß.[19] Zwar schwankt Tarde

19 Selbst wenn Tarde von »Erdbeben« spricht, gelingt es ihm, die Metaphern von Basis und Überbau umzukehren: »Alles hingegen, was diesem [dem Keimkapital] abträglich ist, verändert im Gegenzug jenes [das Keimblattkapital]. Nach der Christianisierung der

manchmal bei der genauen Charakterisierung des Keimkapitals, aber was ihn jedesmal interessiert, ist dessen Fähigkeit, in der Zeit zu variieren, zu differieren.

Verweilen wir kurz bei den verschiedenen Gegensätzen, die Tarde bemüht, um den Keimcharakter des Kapitals zu definieren. Da wäre zunächst die Unterscheidung zwischen Kapital und Arbeit: »Der Unterschied zwischen Kapital und Arbeit läßt sich also im Grunde zurückführen auf den zwischen Modell und Kopie« (PE-1, S. 83). Versuchen wir, diesen Unterschied klarer zu verstehen, der uns so bizarr erscheint, derart sind wir daran gewöhnt, die Arbeit als hauptsächliche Quelle der Werte zu denken.

Das Kapital ist das Modell und die Arbeit seine Kopie zunächst deshalb, weil Tarde die Arbeit in ihrem dürftigsten Sinn versteht, denn er will, was zur Wiederholung gehört, von dem unterscheiden, was zur Erfindung gehört. Die Arbeit ist eine rohe Kraft, eine Trägheit ohne spezifische Qualitäten und unfähig, in ihrer eigenen Bewegung Differenzen hervorzubringen. Eine Veränderung kann sie nur von außen erfahren. So gehört die erfinderische Arbeit, die von den Arbeitssoziologen als Kennzeichen der Irreduzibilität des Menschen gelobt wird, bereits zu einer anderen Spezies. Sie enthält bereits unzählige Differenzie-

römischen Welt hat die Veränderung der Sitten als Auswirkung der Veränderung des Glaubens nicht nur die schönen architektonischen Erfindungen, die nun verwaist waren, des Zirkus, des griechischen Tempels, fügen wir hinzu der Thermen, der Aquädukte etc. tödlich getroffen, sondern sie hatte darüber hinaus auch noch die Auswirkung, fast vollständig den Wert der zahllosen Exemplare dieser Typen zu vernichten, mit denen die Architekten den Boden des Römischen Reichs übersät hatten, und es war, als hätte ein riesiges Erdbeben, indem es die schönen Gebäude zum Einsturz brachte, diese technische Ausrüstung der Vergangenheit in den Abgrund gerissen« (PE-1, S. 338).

rungsoperatoren, die jene rohe Kraft an ihre Umgebung anpassen, sie abstimmen, um ihre Gewohnheiten beizubehalten. Selbst eine sehr repetitive Arbeit erfordert, wie man weiß, das ständige Hervorbringen von winzigen Innovationen, die zirkulieren und in ebensovielen Auflösungen vorgängiger Oppositionen bestehen. Es ist nie die Arbeit allein, die divergieren und in der Opposition Differenzen herbeiführen kann: Allein kann sie nur wiederholen und sich erschöpfen. Sobald sie aber über ein Modell verfügt, krümmt und verlängert sie gewissermaßen ihre Bahn, um ein Hindernis zu umgehen. Tarde hat den Mut, die erfinderische Arbeit – anders gesagt, die Arbeit, welcher die Arbeitssoziologen zwangsläufig begegnen – nicht für eine reine Tendenz zu halten, sondern darin ein Knäuel, eine Verflechtung aus einer rohen Kraft und kleinen aktiven Modellen zu sehen, die je nach den Oppositionen mobilisiert werden. Auf diese Modelle richtet sich seine ganze Aufmerksamkeit.

> [...] wenn er keine Werkzeuge hat, wird sich der Feldarbeiter welche fabrizieren, mit anderen einfacheren Werkzeugen oder sogar mit seinen Fingern; auch dem Maler, wenn er keine Farben und keinen Pinsel hat, wird es gelingen, sich welche anzufertigen; allerdings unter einer Bedingung, einer notwendigen und hinreichenden Bedingung, nämlich daß beide bereits ähnliche Werkzeuge wie die von ihnen zum Modell genommenen oder deren Anfertigung gesehen haben, es sei denn – falls sie weder solche noch ihre Anfertigung gesehen haben –, sie erfinden sie (PE-1, S. 82).

Die Arbeit, als rohe Kraft, ähnelt also sehr dem »Keimblattkapital« – dem Hilfskapital. Diese beiden Spezies haben als Charakteristikum, daß sie ihre Trajektorie auf autonome Weise nicht umlenken können. Aus welchem Grund fehlt es ihnen an Autonomie? Paradoxerweise weil sie *zu reine Tendenzen* sind. Zu rein bedeutet hier, daß sie unfähig sind, ihren Kurs zu ändern. Autonomie kommt nur Zusammensetzungen zu, nur jenen Wesen, welche die instabilen Resultate von Interferenzen sind. Sobald die rohe Kraft der nackten Arbeit sich mit dem Beispiel einer früheren Lösung für eine ähnliche Opposition zusammensetzt, kann eine Differenz erfolgen. Sobald die träge Materie sich an eine Produktionstechnik angeschlossen findet, findet eine Arbeit reger Aktivierung statt, mit der wir zum Werk des Kapitals im eigentlichen Sinne kommen. So wie die rohe Arbeit ist das Keimblattkapital eine Gedankenübung, ein Grenzfall, dem man im Feld der ökonomischen Anthropologie kaum begegnet. In der Praxis begegnet man stets nur einer Zusammensetzung. Aber wieder einmal besteht die Stärke von Tardes Analyse darin, daß er deutlich auf die großen begrifflichen Tendenzen hinweist, die der Begriff des Kapitals – und, wie wir noch sehen werden, auch der des Kapitalismus – zu schnell miteinander verschmilzt.

In schwierigen, aber erhellenden Passagen gelangt Tarde dahin, Individuation, Oszillation und Keimung gleichzusetzen. Was Genie ist und was ein Keim ist, verschmilzt oft miteinander. Das ist ebenso eine Neudefinition des Keims als Oszillation wie eine Neudefinition des Genies als Kreuzung von Einfluß- und Nachahmungslinien. Manchmal identifiziert Tarde sogar Geist und Keim, wenn er etwa den Ausdruck »Humankapital« verwendet, wobei er die Innovationsfähigkeit der Unternehmer im Sinn hat. Aber im Unterschied zu einer ökonomistischen Interpretation dieses Humankapitals, dessen geistiges Erbe in der Chicagoer Schule in der Person von Gary Becker bekannt ist,[20] situiert Tarde die Wasserscheide woanders. Wieder einmal ist der ökonomische Agent nicht die einzige Stätte für die Differenzierung des Keims. Man kann sogar sagen, daß der *Homo oeconomicus* den dürftigsten Fall von Differenzierung darstellt: Dieser wird nämlich, seinen Maximen der Maximierung treu, sich damit begnügen, zu wiederholen und zu räsonieren, anstatt zu differieren. Wenn man in der ökonomischen Literatur ein Beispiel für die Arbeit der Keimung finden will, so muß man es eher bei John Maynard Keynes oder bei Joseph Schumpeter suchen, und zwar im Porträt, das sie von den Unternehmern zeichnen. Es gibt also eine zweifache Interpretation dieser neuen Theorie des Kapitals, die der Keim mit sich bringt. Einerseits das Kapital als Quelle der Oszillation, entsprechend dem Interesse Tardes für das *Zögern*, das man in zahlreichen seiner vorhergehenden Schriften findet.[21] Nach einem geläufig gewordenen Ausdruck unter den zeitgenössischen Wissenschaftshistorikern und -soziologen handelt es sich

20 Gary S. Becker, *Human Capital: A Theoretical and Empirical Analysis, with Special Reference to Education*, New York: Columbia University Press 1970.

21 Insbesondere in der *Logique sociale*, a. a. O., die sich sehr ausführlich mit dem sozialen Studium des logischen Zögerns beschäftigt und dabei versucht, den Begriff der formalen Logik selbst durch eine *Psychologie* der kleinen Ungewißheiten zu erneuern.

dabei buchstäblich um eine Untersuchung des Kapitals in seiner Verfertigung (*in the making*).

Doch eine andere Interpretation des Keimkapitals ist ebenfalls denkbar, die dessen kollaborativen Ursprung und revolutionäre Dimension herabmindert. Diese Lesart insistiert vielmehr auf dem Keim als fertigem Produkt, das konserviert und von einer Generation an die andere weitergegeben werden kann. Der Charakter des Keims als Potential geht dann verloren. In den Vordergrund tritt die enge Beziehung der Keimform des Kapitals zum Gedächtnisvermögen der ökonomischen Gefüge, die es tragen.

> Eine Entdeckung oder Erfindung, welche die Wissenschaft oder die Macht des Menschen vermehrt oder auch beides zugleich, verkörpert sich stets, sei es innerhalb unserer selbst in unserem Nerven- oder Muskelgedächtnis in Form eines mentalen Klischees oder einer erworbenen Gewohnheit, eines Begriffs oder eines Talents, sei es außerhalb unserer selbst in einem Buch oder einer Maschine. Ein Buch ist nur eine Verlängerung und ein Fortsatz unseres Gehirns; eine Maschine ist nur ein zusätzliches Körperglied. Man kann unterschiedslos sagen, daß ein Buch ein externes Gedächtnis ist oder daß eine Erinnerung ein internes Buch ist, die eine Art unsichtbarer Bibliothekar, verborgen in unserem Unter-Ich, uns im richtigen Moment vor Augen hält. In gleicher Weise ist eine Maschine ein externes Talent und ein Talent eine interne Maschine. [...] Auf diese Weise wurden die unterschiedlichen und vielfachen Geschicklichkeiten der ehemaligen Handwerker, ihre langen

> Lehrzeiten, ihr allmähliches Sammeln von besonderen Gewohnheiten überflüssig, größtenteils durch die Fabrikation aufeinanderfolgender Maschinen. Diese sind nur die externe Projektion und oft auch wundersame Erweiterung dieser Talente und der Organe, durch die sie ausgeübt wurden. Und wenn die Zerstörung der Maschinen diese Talente zwingen würde, wiedergeboren zu werden, wenn beispielsweise die Beseitigung der Druckereien die Kalligraphen und Illuminierer von Manuskripten wiederauferwecken würde oder die Beseitigung der Spinnereien die früheren Spinnerinnen, könnte man ebensogut sagen, daß die auf diese Weise wiedergeborenen Talente die vereinfachte und verkleinerte Neuverkörperung der zerstörten Maschinen seien (PE-1, S. 353 f.).

Werkzeuge und Gedächtnisse sind auf diese Weise unauflöslich miteinander verbunden. Das Tiefe und das Oberflächliche, das Interne und das Externe, das Natürliche und das Artifizielle – keine Kategorie entgeht der Tardeschen Neuinterpretation.
Indem Tarde das Keimkapital neu definiert – als notwendig –, definiert er auch das Keimblattkapital neu – als Zubehör. Es ist nicht sehr schwer, an diesem Punkt präziser zu sein als die Ökonomen, denn diese haben das materielle Kapital derart nachlässig behandelt und darin nur einen Haufen undifferenzierten Plunders gesehen. Nirgendwo ist Tardes Originalität besser zu sehen als in seiner gekreuzten Lesart der Welten von Natur und Artefakt. Auf der Suche danach, was das Werkzeug charakterisiert, ge-

langt er dahin, es als einen *Widerstandsgradienten* zu definieren.

> Alle Werkzeuge, ob für manuelle Arbeiten, ob für intellektuelle Arbeiten, sind, vergessen wir das nicht, Substanzen im festen Zustand, nicht im flüssigen oder gasförmigen. [...] Warum ist das so? Weil man sich nur auf das stützt, was Widerstand leistet: Solidität, das ist sowohl Widerstand als auch Stütze. Werkzeug und Solidität sind zwei Ideen, die so eng miteinander zusammenhängen, daß wir selbst bei der Arbeit des tierischen oder pflanzlichen Lebens diese unauflösliche Verbindung feststellen können, von einem Ende des zoologischen Spektrums bis zum anderen. Die Werkzeuge der Lebewesen sind für jede Zelle deren mehr oder weniger mobile Fortsätze oder Erweiterungen, die stets aus einem mehr oder weniger widerständigen Gewebe bestehen, und für den Organismus als Ganzes sind es seine Glieder, die stets eine gewisse Härte aufweisen, relativ zum übrigen Körper (PE-1, S. 258f.).

Nach dieser Erwähnung der wesentlichen Härte der Werkzeuge und des physischen Kapitals sieht man besser die Spannung zwischen Keim und Keimblatt. Indem Tarde die Geschicke der beiden Formen des Kapitals unterscheidet – desjenigen, das unerläßlich ist und nicht aufhört zu erfinden und zu differieren, und desjenigen, das Hilfsmittel ist, das sich unaufhörlich in die Gewohnheiten eingräbt –, ermöglicht er, die Aufmerksamkeit auf eine neue Spannbreite von Variationen zu richten: Während das Keimkapital stets die Erfindung (oder die Anpassung) provoziert, zieht das Keimblattkapital die Opposition auf sich. Der Keim überlebt nur durch seine Unbeständigkeit und sein Vermögen, nicht zu einer statischen Formel zu gerinnen, sondern immer neue Verzweigungen zu erkunden und durch eine fortgesetzte Anpassung die Opposition zu durchkreuzen. Das fixe Kapital, das materielle Kapital hat diese Chance nicht, es zieht die Opposition an wie der Blitzableiter den Blitz.

Eine Ökonomie der Kompossibilitäten

Tarde versieht infra- oder suprahumane Agenzien mit Begehren, indem er wieder einmal die von einer ökonomischen Wissenschaft festgelegten Grenzen einreißt, einer Wissenschaft, die mehr an Ordnung interessiert ist als an der Verständlichkeit der Assoziationen zwischen Personen und Gütern. Das meisterliche Beispiel der Ökonomie des Buches, welches die Einleitung von Band 1 abschließt, illustriert gut die Spannung, die diese neue Theorie des Kapitals durchzieht. Tarde beschreibt das Gut Buch als etwas, das fähig wird, durch das Spiel von Zitaten und Verweisen sich Freunde und Feinde, Anziehungen und Abneigungen zu schaffen:

> Sowohl als Produkt wie als Belehrung betrachtet, ist ein Buch dazu fähig, sich mit anderen Büchern zu verbünden oder sie zu bekämpfen. Es gibt kein Buch, als Belehrung betrachtet, das nicht mittels anderer Bücher gemacht worden wäre, deren Bibliographie es oft bereit-

stellt und unter denen es manche gibt, von denen man sagen kann, daß es für sie gemacht worden ist, denn es bekräftigt oder vervollständigt sie. [...] Wenn wir die allgemeinen Bedingungen für die Produktion von Büchern suchen würden, wie die Ökonomen die der Warenproduktion gesucht haben, dann sähen wir, daß die berühmte Unterscheidung der drei Faktoren Boden, Kapital und Arbeit sich notfalls hier anwenden ließe, doch mit großen und instruktiven Abwandlungen, insbesondere hinsichtlich des Kapitals, das hier verstanden werden müßte als das ständig vermehrte Vermächtnis der guten Ideen der Vergangenheit, der sukzessiven Erfindungen und Entdeckungen (PE-1, S. 89-91).

Durch seine Macht, Netzwerke zu definieren und Aggregate zu bilden, partizipiert das Buch auch an der Arbeit des Keims. Es kann in eine innovatorische Serie eingegliedert werden, wenn man aus ihm einen Vorläufer, den Initiator einer Neuheit macht. Nach mehreren Jahrzehnten des Schlafes kann es auch neu entdeckt werden und wieder einen ganzen Kontinent für künftige Forschungen eröffnen (wie die Bücher Tardes![22]). Wenn es vergessen wird, ist es nur ein repetitives Exemplar und ein Fall von Keimblattkapital, wird es jedoch wiederentdeckt, so beginnt seine Aktivität von neuem, wie die einer bei niedriger Temperatur eingeschläferten Bakterie. Um es noch einmal zu sa-

22 Dieses Interesse für den Inhalt der Nachahmungen erklärt das Interesse mancher Kognitionsforscher an Tarde, selbst wenn sie, wie Dan Sperber, die psychologischen und erst recht zerebralen Mechanismen der Nachahmung bei Tarde in Frage stellen. Dan Sperber, *La contagion des idées*, Paris: Éditions Odile Jacob 1996.

gen, von der Metapher des Keims – des Codes – und des Keimblatts – der formlosen Materie – darf man sich nicht täuschen lassen. Nichts ist formlos in der Tardeschen Ontologie, und noch weniger in seiner Ökonomie.[23] Nicht zufällig ist Tarde Leibnizianer: In jedem Fisch gibt es wieder Teiche voller Fische und so weiter, *ad infinitum*.

Es ist verblüffend zu sehen, wie die spezifische Aufmerksamkeit Tardes für das Zirkulieren von Beispielen und für Verbreitungsprozesse sich in den 1980er Jahren in der ökonomischen Literatur wiederfindet, hier unter den Begriffen der Standardisierung und der Pfadabhängigkeit.[24] Diese Literatur hat die spezifische materielle Qualität der ökonomischen Güter wieder in den Vordergrund gerückt. Die Merkmale dieser Güter, die man auf Distanz gehalten hatte und die in die Modelle nur als Punkte in einem kontinuierlichen Raum eingingen – dementsprechend Punkte, die man stets nach Belieben verschieben konnte, da sie im Grunde austauschbar waren –, wurden wieder sichtbar als die Quellen von industriellen Entwicklungen großen Umfangs. Ohne sie immer auf dieselbe Weise zu formulieren, griffen diese jüngeren ökonomischen Theorien so die ori-

23 Die Gedankenübungen des Keimblattkapitals und der rohen Arbeit zeigen, in welchem Maße das Formlose nur ein sehr aufwendig gewonnenes Resultat sein kann bei Wesen, die zur Variation tendieren. Um rohe Arbeit zu erhalten, muß man sie aller ihrer Qualitäten entkleiden. Das gelingt auch der Fließbandarbeit kaum, wenn man bedenkt, wie viele Variationen dabei auftauchen, standardmäßig.

24 Paul A. David, »Clio and the Economics of QWERTY«, *American Economic Review* 75 (1985), S. 332-337. Michael L. Katz und Carl Shapiro, »Network Externalities, Competition and Compatibility«, *The American Economic Review* 75 (1985), S. 424-440.

ginellsten Intuitionen Tardes auf: der Ökonomie nicht eine bestimmte Quelle zuerkennen (die Seltenheit, die Maximierung, das Interesse), sondern eine Psychologie, die sich auf Kompatibilität und Harmonie, auf Opposition und Rhythmen gründet. Die Ökonomie hängt nicht mehr von einer Basis ab oder einem letzten Fundament, sondern einzig von der Stabilität einer Konfiguration. Von diesem Gesichtspunkt aus entbehren die Einteilungen der traditionellen ökonomischen Theorie des Sinns. Mikro und Makro sind nur zwei arbiträre Punkte, welche die ganze Arbeit der Formatierung, Koordinierung, Standardisierung und Kompatibilisierung verbergen, der es schließlich gelingt, manche Oppositionskonflikte durch neue Anpassungen provisorisch zu lösen.

Es hat nie ein »kapitalistisches Regime« gegeben

Wenn man alle die merkwürdigen Ideen Tardes über die Produktionsfaktoren akzeptiert, bemerkt man vielleicht, daß sich wahrlich etwas anderes in unserer Geschichte zugetragen hat als der Aufstieg des Kapitalismus. Und gerade darin liegt eine Originalität des Buchs: Tarde glaubt nicht, daß ein großer Bruch, eine radikale Revolution, ein epistemologischer Einschnitt in der Wirtschaftsgeschichte stattgefunden hat, um schließlich die kapitalistische Hydra zu gebären.

> Was in Wahrheit akkumuliert wird, und zwar aufgrund einer logischen und universellen Notwendigkeit und

> nicht einer historischen und auf unsere moderne Gesellschaft beschränkten, ist, wie wir wissen, das Keimkapital, das Vermächtnis der unzerstörbaren Ideen des menschlichen Genies. Von einem kapitalistischen Regime zu sprechen, als wäre der *Kapitalismus* eine transitorische Phase der gesellschaftlichen Entwicklung, ist in dieser Hinsicht der unpassendste Ausdruck und am besten geeignet, den Geist in die Irre zu führen. Was das materielle Kapital betrifft, das aus diesem intellektuellen Kapital hervorgegangen ist, so zerstört und reproduziert es sich in jedem Moment, und allein auf es trifft die Bemerkung von Stuart Mill zu, wonach das Kapital nach den Verwüstungen eines Krieges oder einer Revolution sich rasch regeneriert. Aber es regeneriert sich nicht immer, man hat gesehen, wie es zunichte ging, ohne wiederzuerstehen; und das Schauspiel im Niedergang begriffener Nationen, die zusehends verarmen, sollte uns davon überzeugen, daß keine innere Notwendigkeit jenes Kapital dazu zwingt, sich ständig zu vermehren (PE-1, S. 348).

Was also hat sich unter dem Namen Kapitalismus zugetragen? Keinerlei »innere Notwendigkeit« erklärt ihn. Von Anfang bis Ende der *Psychologie économique* insistiert Tarde immer wieder auf einem anderen Phänomen, das keinerlei Bruch mit der Vergangenheit aufweist und das er als *Erweiterung, Intensivierung* der Netze der Nachahmung und der Ansteckung definiert, mit der Konsequenz ihrer Mathematisierung, welche wir nun nicht mehr, das müßte inzwischen klar sein, mit der kalten Objektivierung verwechseln dürfen. In keinem Moment wechselt man vom altmodischen Zauber des Tauschhandels zur Abstraktion des Warenverkehrs. Für Tarde gibt es also keinen Anstieg der Abstraktion, keinen Fetischcharakter der Waren, auch keine Abnahme der Leidenschaften und keine Zunahme der Kälte. Von der Vergangenheit rückt man in die Gegenwart vor durch eine größere Vermischung der Distanzen, durch eine größere Verflechtung, durch eine größere Kniffligkeit der neuen Techniken der Innovation, Produktion, Kommerzialisierung und Kommunikation. So etwa beim Übergang von den Marktschreiern zur modernen Werbung:

> Der Grund für diese Entwicklung, diese graduelle Ersetzung der akustischen Reklame durch die visuelle besteht darin, daß letztere sehr viel geeigneter ist, sich in ihrem Umfang zu entwickeln. Durch die Zeitungsannoncen, durch die vervielfältigten Muster der Wandplakate kann sich ihre Tragweite unbegrenzt erstrekken, während es schwierig und kostspielig wäre, die Marktschreier erheblich zu vervielfachen. Kurz gesagt, die Reklame verwandelt sich im Sinne ihrer zusehends umfassenderen, freieren und leichteren Ausstrahlung. In den Straßen einer Stadt können die akustischen Reklamen nicht eine bestimmte Anzahl überschreiten, ohne in eine allgemeine Betäubung zu münden, während die Anzahl der visuellen Reklamen anwachsen kann, ohne daß irgendeine von ihnen aufhörte, für den Blick unterscheidbar zu sein, auch wenn sie im Gedächtnis sich verwirren können (PE-1, S. 189).

Was wir hier wiederfinden, ist die bereits angemerkte Verbindung zwischen den Buchhaltungstechniken und -instrumenten und dem, was man *Verlängerung der Netze* nennen könnte. Wie wir im letzten Kapitel sehen werden, stellt der Kapitalismus sicherlich ein immenses politisches und moralisches Problem dar, das Tarde fasziniert, aber er stellt keinen Einschnitt in einer historischen Anthropologie dar, in die plötzlich Modernität und Abstraktion einbrechen. Weit vor Fernand Braudel[25] und Immanuel Wallerstein[26] versucht Tarde die Anthropologie der Märkte auf dem Weg zur Globalisierung in Begriffen von Netzen und einer Verlängerung der Vertrauensregime zu erfassen. Man kann ihren Umfang erweitern, aber man kann sie nicht weniger sozial, weniger intersubjektiv, weniger von leidenschaftlichem Interesse bewegt machen. Man kann eine Gesellschaft »ökonomisieren«, aber man kann sie weder rationalisieren noch modernisieren. Das ist so wahr, daß Tarde uns sogar die Börse und ihre erstaunlichen Entdeckungen als vertrauten Ort beschreibt, der in kontinuierlicher Verbindung zu den traditionellen Märkten steht oder der zumindest, abgesehen von den Instrumenten, die gleiche Intersubjektivität bietet, nur noch vermischter, noch intensiver.

Ich fordere jeden heraus, allein durch die Vernunft, allein durch die kalte und kluge Berechnung der Wahr-

25 Fernand Braudel, *Sozialgeschichte des 15.-18. Jahrhunderts, Bd. 1: Der Alltag*, Frankfurt/M. u. a.: Büchergilde Gutenberg 1985.

26 Immanuel Maurice Wallerstein, *Das moderne Weltsystem: kapitalistische Landwirtschaft und die Entstehung der europäischen Weltwirtschaft im 16. Jahrhundert*, Frankfurt/M.: Syndikat 1986.

scheinlichkeiten durch vernünftige Geister, die vollkommen sich selbst überlassen und ohne Einfluß eines anderen sind, die vagen rhythmischen Schwankungen eines beliebigen Werts zu erklären, zum Beispiel des englischen Börsenindex im Laufe der letzten beiden Jahrhunderte (PE-2, S. 198).

Wenn Sie verstehen wollen, wieso die Ökonomie zunächst intersubjektiv ist, dann müssen Sie an die Börsen gehen![27] Dort werden Sie keineswegs der Abstraktion begegnen, sondern im Gegenteil der ins Auge springenden Evidenz, daß jede Spekulation hier eine Sache der ..., ja eben Spekulation ist – im Sinne des Inter- und Psycho-Logischen der weiter oben dargestellten Duelle. Niemand, der versucht, die jüngste weltweite Finanzkrise zu verstehen, wird bestreiten, daß Tarde recht haben muß. Im Gegensatz zur üblichen Klage derer, die das Finanzwesen bezichtigen, die Ökonomie zu abstrakt gemacht zu haben, an der Börse, bewegt sich die Ökonomie nicht auf dem Kopf, sondern selbstverständlich auf den Füßen vorwärts.

Vor der Erweiterung der Märkte und der Institution der Börsen gab es keine Terminverkäufe, um den Weizen-

27 Eine Anregung, welche die Finanzsoziologen nicht zurückweisen dürften. Mitchel Y. Abolafia, *Making Markets. Opportunism and Restraint on Wall Street.* Cambridge, Mass.: Harvard University Press 1996; Oliver Godechot, *Les traders. Un sociologue à la bourse*, Paris: La découverte 2001; Fabian Muniesa, *Des marchés comme algorithmes: sociologie de la cotation électronique à la Bourse de Paris*, École des Mines de Paris: Dissertation (betreut von Michel Callon) 2004; Donald MacKenzie, *An Engine not a Camera. How Financial Models Shape Markets*, Cambridge, Mass.: MIT Press 2006.

> preis tyrannisch festzulegen. Aber war der Weizenpreis unter dem Ancien régime etwa durch den wirklichen Mangel oder Überfluß des Weizens in einer gegebenen Region oder zu einem gegebenen Zeitpunkt bestimmt? Nein. Zu jener Zeit, als man sehr schlecht informiert war, als man nur die Ernten des eigenen Dorfes kannte, beurteilte man den Mangel oder Überfluß nach der Menge des Weizens, der in der Halle der kleinen Stadt in der Nachbarschaft zusammengetragen war. Es genügte dann, daß einige Aufkäufer (denn es gab damals Aufkäufer, so wie es heute große Bankiers gibt, die an der Börse spielen) die Ernten von einer oder zwei Kommunen an sich zogen oder ihre eigenen Ernten einlagerten (letzteres im Falle der Großgrundbesitzer), um den Anschein eines Mangels zu erzeugen, der vollkommen künstlich war, aus dem aber gleichwohl, als wäre er wirklich gewesen, eine wundersame Hausse des Weizenpreises hervorging (PE-2, S. 46).

Man sieht, wie weit man vom Gedanken einer Einbettung der Ökonomie im Sozialen entfernt ist.[28] Und dies aus einem entscheidenden Grund, dem Tarde zahlreiche Passagen widmet: durch die Verbreitung von Wertmessern; was die Wirtschaftswissenschaft modifiziert, ist die *Berechenbarkeit* des Sozialen selbst. Sie vermindert nicht die Temperatur und die Subjektivität der Leidenschaften: Durch die Messung bietet sie ihnen einen geringfügigen Zusatz an

28 Zum Begriff der »Einbettung« siehe Karl Polanyi, *Primitive, Archaic and Modern Economy-Essays of Karl Polanyi,* hg. von George Dalton, Boston: Beacon Press 1971; zur Kritik an diesem Begriff siehe Michel Callon, *The Laws of the Market*, a. a. O.

Vorhersagbarkeit an. Wenn bei Tarde die Theorie der Börse genauso wichtig ist wie die Frage der Preisbildung, so deshalb, weil man daran vortrefflich den Übergang, der ganz psychologisch ist, *zwischen der Ungewißheit und der Wahrscheinlichkeit* erfassen kann, einen Übergang, der durch die Verbreitung von Buchführungsinstrumenten und Berechnungsvorrichtungen nur erleichtert, erweitert, vereinfacht und formatiert wird. Daher jene Parallele zwischen der Geschichte der Mathematisierung, der Ökonomisierung und der, wie man sagen könnte, »Finanzialisierung« der sozialen Welt, die nach und nach, dank der starken Vermehrung ihrer Wertmesser, von einem Regime der Ungewißheit in ein anderes übergeht.

> Die mathematische Entwicklung verläuft von der Arithmetik zur Algebra, von der Zahlentheorie zur Funktionentheorie. Die monetäre Entwicklung verläuft vom Metallgeld zum Papiergeld (sozusagen ein algebraisches Zeichen des Geldes) und vom Warenhandel (wo eine bestimmte Geldmenge gegen einen Artikel oder einen Dienst getauscht wird) zum Handel der Börsenwerte (wo die Finanztitel gegeneinander getauscht werden). An der Börse werden die Werte – als Verhältnisse zwischen einer Geldsumme und einem Objekt – selbst im Verhältnis zueinander bewertet. Das ist ein Verhältnis zweiten Grades. Durch die Kursnotierung präsentieren sie sich als Funktionen voneinander, die zusammen nach gewissen Gesetzen steigen oder fallen (PE-1, S. 289).

Daher kann er jenen Satz schreiben, der im Grunde sein ganzes Buch zusammenfaßt: »Die Tendenz, die ökonomi-

sche Wissenschaft zu *mathematisieren*, und die Tendenz, sie zu *psychologisieren*, sind keineswegs miteinander unvereinbar, sondern sollten sich in unseren Augen gegenseitig stützen« (PE-1, S. 141).
Wir sind nun in der Lage zu verstehen, wie Tarde, der alle üblichen Einteilungen ökonomischer Abhandlungen ignoriert, den Stoff seiner ökonomischen Psychologie einteilen wird.

> Anstelle der »Produktion des Reichtums« sprechen wir von *ökonomischer Wiederholung*; und darunter werden wir die Beziehungen verstehen, welche die Menschen untereinander haben unter dem Gesichtspunkt der Verbreitung ihrer ähnlichen Bedürfnisse, ihrer ähnlichen Arbeiten, ihrer ähnlichen Urteile über die mehr oder weniger große Nützlichkeit dieser Arbeiten und deren Resultate sowie ihrer ähnlichen Transaktionen. [...]
> Unter dem Titel *ökonomische Opposition* nehme ich mir vor, die Beziehungen der Menschen zu verstehen unter dem Gesichtspunkt des psychologischen und von ihren Bedürfnissen und ihren Nützlichkeitsurteilen unbemerkten Widerspruchs und unter dem Gesichtspunkt des sichtbareren Konflikts ihrer Arbeiten durch Konkurrenz, Streiks, Handelskriege. [...] Unter dem Titel *ökonomische Anpassung* wird es um Beziehungen gehen, welche die Menschen miteinander unterhalten unter dem Gesichtspunkt der Kooperation ihrer früheren Erfindungen für die Befriedigung eines neuen Bedürfnisses oder für die bessere Befriedigung eines früheren Bedürfnisses oder unter dem Gesichtspunkt

der Kooperation ihrer Anstrengungen und ihrer Arbeit im Hinblick auf die Reproduktion der bereits erfundenen Reichtümer (implizite oder explizite *Assoziation*, natürliche oder künstliche Organisation der Arbeit) (PE-1, S. 100f.).

Derart umgewandelt, wird die Ökonomie nicht mehr jener »erratische Block« sein, über den er sich weiter oben lustig gemacht hatte:

> Wenn man sich einmal die Mühe macht, eine Überarbeitung der politischen Ökonomie nach diesem neuen Typ zu versuchen, wird man, so glaube ich, sehen, was sie dabei gewinnen kann, wenn sie beseitigt, was ihr fremd ist, wenn sie besser verteilt, was ihr zukommt und bereits besaß, und wenn sie erwirbt, was sie bislang als das ihre zu beanspruchen versäumt hatte. Sie wird gleichzeitig klarer und dichter werden, besser abgegrenzt und besser ausgeführt. Und gleichzeitig wird die Fruchtbarkeit dieser dreiteiligen Klassifikation deutlich werden, die ebenfalls auf die Theorie des Wissens, auf die Theorie der Mächte, Rechte, Pflichten und auf die Ästhetik angewandt werden kann (PE-1, S. 102).

3. Ökonomie ohne Vorsehung

Der Leser ist, wie wir hoffen, nunmehr vorbereitet, sich von der Fremdheit dieses Buches einnehmen zu lassen, das es ihm ermöglichen wird, die Ökonomie neu zu erfassen, gewissermaßen in rohem und nicht in gekochtem Zustand ... Er wird sich vor allem daran gewöhnen müssen, Trajektorien zu folgen, die nichts lenkt, die keine darunterliegende Struktur steuert, nichts, das von vornherein durch ein den Phänomenen äußerliches und sie beherrschendes Gesetz erfaßbar wäre – vor allem nicht durch das der Natur. Indem sie darwinisch geworden ist, authentisch darwinisch, hat die Natur in den Händen Tardes, wenn man so sagen darf, *die Hand verloren*, jene *sichtbare* oder *unsichtbare* Hand, die sie bis dahin beseelte. Die ganze Soziologie, die ganze Metaphysik Tardes lehnen sich auf gegen das, was ein unausrottbares Vorurteil zu sein scheint, sobald man sich ökonomischen Fragen zuwendet: Es gäbe irgendwo, im Markt, in der Natur, im Staat, einen Mechanismus der Harmonisierung, dem man sich überlassen könnte, um nicht mehr Politik machen zu müssen. Für Tarde aber gibt es keine Vorsehung, so lautet das Herzstück des Buches, der Knoten, auf den alles zuläuft. Und folglich muß man anders zu Rande kommen, als sich der Ökonomie der Ökonomisten zu überlassen – seien sie rechts oder links. Wie? Zwangsläufig durch Kunstgriffe, durch Erfindungen.

Das Argument in seiner klarsten Form findet sich sowohl am Beginn wie am Ende des Werks. Fangen wir mit dem Ende an, mit einer Erklärung, die man konstruktivistisch *avant la lettre* nennen könnte:

> Die gesamte politische Ökonomie von Adam Smith und seiner Schule stützt sich auf das Postulat der spontanen Einigung der Egoismen: Hier haben die ökonomischen Harmonien eines Bastiat[1] ihren Ursprung. Die Frage ist, ob die Egoismen sich von selbst oder künstlich harmonisieren. In einer Smith entgegengesetzten Richtung ist diese Frage für jeden entschieden, der die ökonomische Opposition insgesamt überschaut, denn diese hat uns die so häufige und oft wesentliche radikale Feindschaft der Interessen gezeigt. Daraus folgt, daß die Harmonisierung der Interessen nur mittels Kunstgriffen erreicht werden kann. Diese Kunstgriffe sind die Erfindungen (PE-1, S. 229).

Erinnern wir uns, wir befinden uns im Jahre 1902, zwölf Jahre vor der Katastrophe des Ersten Weltkriegs, der uns für ein Jahrhundert dumm machen wird, fünfzehn Jahre vor der Russischen Revolution, mitten in der Debatte zwischen Liberalismus und Sozialismus, zwischen Laissez-faire und Protektionismus – eine unter dem Titel »Neoliberalismus« und »Globalisierungskritik« immer noch aktuelle Debatte. Weil Tarde die Sozialtheorie in seinen

1 Claude Frédéric Bastiat (1801-1850), ein französischer liberaler Theoretiker.

anderen Büchern erneuert hat und darüber hinaus auch die Verbindung zwischen Sozial- und Naturwissenschaften, kann er endlich die Frage der Fragen stellen, in Begriffen von »Kunstgriff« und »Erfindung«: Es ist die Rückkehr des Wortes *politisch* im Ausdruck »politische Ökonomie«, eine Rückkehr, die offenkundig unmöglich war, solange man an die Existenz einer materiellen Infrastruktur glaubte, die gelenkt sei von den aus einer Phantasie-Biologie eingeschmuggelten »Naturgesetzen«.

> Die Unterscheidung zwischen der Politik und der in diesem Sinne verstandenen politischen Ökonomie ist ebenso klar wie möglich. Die eine sucht den Weg der stärksten *Zusammenarbeit* der Begehren einer Nation oder einer Partei in ein und demselben Werk; die andere den ihres umfassendsten und wechselseitigsten Nutzens; zwei sehr verscheidene Weisen, ihre Anpassung zu verstehen (PE-1, S. 152f.).

Sowenig es »Einbettung« der Ökonomie im Sozialen gibt, aus dem guten Grund, weil das Soziale keine eigene Domäne ist, sondern ein Assoziations- und Ansteckungsprinzip, existiert auch kein Reich der Politik, welches entlang einer klar zu ziehenden Grenze das Reich der Ökonomie begrenzen würde. Es gibt überhaupt keine Domäne: Es existiert nur ein expandierendes Gewebe der Verflechtung von Begehren und Überzeugungen, von denen jede/s mehr oder weniger gut von den Kommunikationstechniken profitiert – angefangen bei der Zeitung und dem Telegrafen bis hin zum Geplauder der müßigen Klassen –, sowie von den Berechnungsvorrichtungen – angefangen bei den Warenetiketten bis hin zur Börse und den Zusammenstellungen statistischer Daten. Anders gesagt, das Ökonomische und das Politische haben es zweimal mit demselben Objekt zu tun, folgen demselben Gewebe, durchlaufen sich vorwärts tastend dieselben Netze, hängen von denselben Strahlen, denselben Ansteckungen ab.

Wie soll man sie dann unterscheiden? Einzig durch den Organisationstyp, den sie befördern: »Zusammenarbeit« für die Politiker, »wechselseitiger Nutzen« für die Ökonomen. In beiden Fällen kann man zwar sehr wohl von Harmonisierung sprechen, aber diese wird nicht durch ein Entwicklungsgesetz geliefert: Sie ist ein Problem, dessen Lösung von unseren eigenen Erfindungen abhängt.

> Ist es schließlich nicht nötig, damit die Produktion sich möglichst gut auf die Konsumtion abstimmt, daß jeder dieser beiden Terme möglichst gut mit sich selbst harmoniert, das heißt daß die unterschiedlichen Produktionsarten sich möglichst wenig beeinträchtigen, sich möglichst viel gegenseitig helfen und möglichst gut auf die gleichen nationalen Ziele konvergieren, kurzum, daß es die beste Organisation der Arbeit gibt, spontan oder bewußt? Und daß die unterschiedlichen Bedürfnisse und Konsumtionen in ihrer spontanen oder bewußten Hierarchie einer Art kollektivem Verhaltensprogramm, allgemeinem Lebensplan entsprechen, der so logisch wie möglich ist? Zwei große Probleme, welche die Gesellschaften zu allen Zeiten beschäftigt und die sukzessive Lösungen gefunden haben. Was das erste angeht, so hatten wir die Lösung der *Sklaverei* in

> der Antike, die *klösterliche* und *korporative* Lösung im Mittelalter, die *liberale* Lösung zur gegenwärtigen Zeit, in Erwartung der *sozialistischen* oder irgendeiner anderen Lösung, deren Formel gesucht wird (PE-I, S. 211).

Es ist nutzlos, von einer solchen Entwicklung des Ökonomischen zu träumen, daß keine Politik mehr zu machen wäre; nutzlos, von einer solchen Entwicklung des Politischen zu träumen, daß keine Ökonomie mehr ihrem Machen zu überlassen wäre: Es gibt nur unterschiedliche Weisen, die leidenschaftlichen Interessen zu organisieren und zu verteilen. Alles in der Verflechtung der Begehren und Überzeugungen muß Gegenstand einer artifiziellen Organisation sein. Man kann sich dafür auf niemanden verlassen. Vielleicht gibt es einen »Lebensplan«, ein »kollektives Verhaltensprogramm«, doch eines ist sicher: Sie werden immanent, kontingent, instrumentiert sein. Sie werden nicht transzendent sein. Um jedoch die Gewalt dieses Zwangs, dieser Immanenz zu erfassen, muß man die Frage der Vorsehung bis zum Grund verfolgen, bis zur letzten Quelle der Doktrin eines *intelligent design*, eines intelligenten Plans.

Das »Adam-Smith-Problem« und die Frage nach Gott

Wie kann man die »Kunstgriffe« entdecken, deren Erfindung fortan das politische Leben beschäftigen wird, da man sich ja nicht auf eine Naturwissenschaft stützen kann? Wie kann man auch in der politischen Ökonomie erfinderisch werden? Dieselbe Frage stellt Tarde schon ganz zu Beginn des Buchs, wo er auf einigen erstaunlichen Seiten, die etliche Jahre vor den Interpretationen von Schumpeter[2] und Albert Hirschman[3] geschrieben worden sind, sich mit dem beschäftigt, was man übereingekommen ist, das »Adam-Smith-Problem« zu nennen – und er gibt ihm, wie es seine Art ist, eine vollkommen originelle Lösung. Das Problem ist bekannt: Wie soll man erklären, daß der Verfasser des *Wohlstands der Nationen* ebenfalls die *Theorie der moralischen Gefühle* verfaßt hat, ohne daß er jedoch irgendeine Verbindung zwischen den beiden Werken herstellte? »Man könnte fast sagen, daß eine nahezu undurchdringbare Trennwand diese beiden Reihen von Forschungen bei ihm voneinander isoliert« (PE-1, S. 132). Wie alle Wirtschaftshistoriker, wundert sich auch Tarde:

> Trotz allem ist erstaunlich, eine wie geringe Rolle die Psychologie in diesen ökonomischen Schriften von Smith spielt und daß eine *kollektive Psychologie* vollständig fehlt. Aber dennoch hat er, Smith, als erster die *Sympathie* studiert, Quelle und Grundlage der intermentalen Psychologie. Wie kommt es, daß er nie die Notwendigkeit oder Gelegenheit gespürt hat, seine feinsinnigen Bemerkungen über die gegenseitige Anregung der Sensibilitäten zu verwenden, um die ökono-

2 Joseph A. Schumpeter, *Geschichte der ökonomischen Analyse*, Göttingen: Vandenhoeck & Ruprecht 1965.

3 Albert O. Hirschman, *Leidenschaften und Interessen: politische Begründungen des Kapitalismus vor seinem Sieg*, Frankfurt/M.: Suhrkamp 1980.

> mischen Beziehungen der Menschen zu erklären? (PE-1, S. 135)

Wer ist also dieser Abwesende, dieser Große Andere, dessen Präsenz Smith nicht einmal zu signalisieren braucht, da sie für ihn derart evident ist? Tardes Antwort ist theologisch:

> Man versteht gut, daß ein Mensch, der derart gewillt ist, einen göttlichen Künstler hinter dem Gemälde der menschlichen Ereignisse zu sehen und eine göttliche Weisheit hinter jeder menschlichen Narrheit, nicht die geringste Mühe hätte, sogar den Egoismus, die Selbstliebe als mit einer geheiligten Funktion versehen zu betrachten und als höchst geeignet, die gesellschaftliche Harmonie zu weben und zu festigen. Auch als er die gesamte politische Ökonomie auf dieses Prinzip gründete und den *Homo oeconomicus* auf das wohlverstandene Eigeninteresse reduzierte, wobei er von jeglicher Zuneigung und Selbstlosigkeit absah, geschah dies kaum aus einer epikureischen oder materialistischen Konzeption heraus, sondern war im Gegenteil eine natürliche Folge seiner Frömmigkeit und seines Glaubens an Gott. Hinter dem egoistischen Menschen gab es den wohltätigen Gott, und die Apologie des Egoismus des ersteren war in Wahrheit nur eine Hymne in Prosa auf die unendliche Güte des letzteren (PE-1, S. 137).

Dem »unsichtbaren Gefolge«, von dem Tarde weiter oben sprach, müssen wir Gott hinzufügen. Damit hätten wir eine ökonomische Anthropologie, noch dazu eine sehr tiefsinnige. Aber eine Anthropologie, die man nicht praktizieren kann, es sei denn, man stellt die Verbindung wieder her zwischen den Bewertungen des menschlichen Herzens und den Berechnungen, die den Wohlstand der Nationen ermöglichen. Der Egoismus ist heilig, er wird sakralisiert. Entfernen Sie Gott, und das Ganze fällt in sich zusammen!

> Aber die Nachfolger von Smith in unserem Jahrhundert sind Atheisten. [...] Oder zumindest, falls sie an Gott glauben, tragen ihre Spekulationen keinerlei Spur mehr dieses Glaubens. Wenn sie daher damit fortfahren, die politische Ökonomie auf das Postulat des reinen menschlichen Egoismus und auf den Kampf der Interessen zu gründen, nachdem sie die Idee der Vorsehung getilgt haben, haben sie, ohne es zu bemerken, den Schlußstein des Systems beseitigt, das seine ganze frühere Festigkeit verloren hat. Sie haben, wenn man ein anderes Bild vorzieht, den Himmel aus dieser Landschaft entfernt, die damit unverständlich geworden ist, oder das Licht dieser Laterne gelöscht, welche nun nichts mehr erhellt und nichts mehr erklärt (PE-1, S. 137).

Der »Schlußstein« des ökonomischen »Systems« ist Gott! Mißverstehen wir nicht die Wünsche Tardes. Er verlangt keineswegs, wie so viele wahrhaft reaktionäre Denker des 19. Jahrhunderts, etwa Joseph de Maistre oder Louis de Bonald, daß man sich von neuem der göttlichen Vorsehung anvertraue! Der Punkt ist sehr viel ironischer, er geht

sehr viel tiefer, er schneidet sehr viel grausamer in alle wissenschaftlichen Prätentionen: Für Smith sind die Atheisten der Ökonomie *lächerliche* Atheisten. Sie haben so getan, als ließen sie den Gott von Smith wegfallen, der bis dahin damit betraut war, die Beziehung zwischen den beiden Werken von Smith zu regulieren, sagen wir, dem über Ökonomie und dem über Moral, während sie gleichzeitig seine theologische, theokratische Funktion *bewahrt haben*. Sie begnügten sich damit, zwischen die beiden Phänomenreihen eine undurchdringbare Trennwand zu stellen. Die Hand ist vielleicht unsichtbar geworden, aber es ist immer noch die Hand des Allmächtigen, die allein in der Lage ist, uns gehorchen zu lassen, ohne bei den Erlassen der Ökonomie zu murren! Der Winkelzug ist enorm, aber am erstaunlichsten ist, daß er seit zwei Jahrhunderten funktioniert, daß man ihn niemals stärker eingesetzt hat als heute: ein gesperrter, durchgestrichener, geleugneter Gott regelt immer noch die automatische Erlangung der Harmonie.[4]
Was Tarde von den Ökonomen verlangt, ist ein wenig Aufrichtigkeit: Wenn ihr wirklich wollt, daß euer Optimum, eure Harmonien, eure Naturgesetze, eure unerbittlichen ehernen Gesetze religiös und von der Vorsehung überwacht sind, dann, um Gottes willen, sagt es! Aber tut nicht so, als hättet ihr hinter dieser »säkularen Religion«, um den Ausdruck Polanyis aufzugreifen, wirklich die Ökono-

4 Das ist übrigens derselbe geleugnete Gott, den man laut Pierre Sonigo in der Molekularbiologie wiederfindet, die mit ihren ständigen Berufungen auf die Form noch so wenig darwinisch ist. Pierre Sonigo und Isabelle Stengers, *L'Évolution*, EDP Sciences: Les Ulis 2003.

mie laizisiert. Anders gesagt, die Ökonomie ist noch auf der Suche nach einem Denken, das fähig wäre, sie endlich materialistisch und atheistisch zu machen. Für Tarde ist in der modernen Ökonomie alles vom Siegel der Transzendenz und des Sakralen gezeichnet. Wie Nietzsche es sich bezogen auf die Wissenschaft fragte: »Warum sind auch wir noch so gläubig?«

Der wahrscheinliche Irrtum des kommenden Sozialismus

Man wird einwenden, daß es in der gleichen Epoche mehrere sozialistische Denkrichtungen gibt, die ebenfalls danach trachten, die Ausbeutung zu enthüllen, die sich hinter den leeren Ansprüchen auf Objektivität verbirgt, und vor allem danach, die Politik wieder in die Ökonomie einzubringen – und das sehr viel kraftvoller. Tarde kennt diese Lehren gut; er interessiert sich leidenschaftlich für die soziale Frage; er liest Marx mit der gleichen Aufmerksamkeit, mit der er Darwin liest. Allerdings behandelt er die Verbreitung der Lehren von Marx nicht anders als die der Ideen von Malthus oder von Spencer. In keinem Moment glaubt er, daß sie hinter dem Dunst der Ideologien die Präsenz unbestreitbarer Tatsachen aufdecken. In diesem Sinne ist Tarde nichts fremder als die Vorstellung einer Ideologie, welche die wahre Wissenschaft verschleiern oder umkehren würde. Wenn der Marxismus sich verbreitet, so durch dieselben Mechanismen wie alle anderen Formen von Nachahmungsstrahlen:

Wenn sich die Arbeiter der unterschiedlichsten Berufe zusammenschließen, so geschieht es nur im Hinblick auf den berühmten »Klassenkampf«. Jedesmal wenn eine derartige Koalition sich bildet, geschieht es stets durch die mitreißende Initiative und Propaganda der Arbeiter eines Berufsstands, der ein gewisses Profil hat und besonders geeignet ist für diesen missionarischen Auftrag, wie etwa die Schriftsetzer, und erst nach vielen Widerständen, die nach und nach durch viele persönliche Einflüsse und Anregungen überwunden worden sind, münden wiederholte Kongresse in dieses defensive und offensive Bündnis (PE-2, S. 141).

Der »Klassenkampf«, wie der »reine und vollkommene Markt«, bildet nicht den Grund der Ökonomie als Sache, sondern eine der möglichen Versionen der Ökonomik als Disziplin. Wenn es wissenschaftliche Zeitschriften und Zeitungen für den einen braucht, braucht es »wiederholte Kongresse« und »Propaganda« für den anderen. Wie stets lädt Tarde uns ein, nicht sofort aus den Punkt für Punkt geknüpften Netzen herauszuspringen, die Masche für Masche ein Individuum nach dem anderen überzeugen. Das erlaubt ihm, dem Marxismus eine zugleich großherzige und unwiderrufliche Diagnose zu stellen. Daß der Marxismus im Bereich der Leidenschaften innovativ war, erkennt er zwar an, aber deshalb habe er noch lange nicht die Verkehrung der Ökonomen zwischen Kehrseite und Vorderseite in Zweifel gezogen.

Die sozialistischen Denkrichtungen wie die von 1848 und die deutschen unserer Tage haben die politische

> Ökonomie aufgetaut und mit Leidenschaften erfüllt; und ausschließlich damit haben sie ein neues psychologisches Element eingeführt, das im übrigen nichts an den Grundbegriffen verändert hat. Allerdings wandelte sich die inspirierende Leidenschaft dieser Lehren oft; und in der Kombination aus Großherzigkeit und Haß, aus der sie sich zusammensetzt, hat sich das Verhältnis der beiden umgekehrt; mehr großherzig als hassend in Frankreich, ist sie in Deutschland mehr hassend als großherzig geworden. Man braucht nur Leroux oder selbst Proudhon mit Karl Marx zu vergleichen. Unter der Herrschaft dieser intensiven Gefühle sind die ökonomischen Theorien lebendiger und bunter geworden, aber sie haben im Grunde den früheren Anspruch auf Objektivität beibehalten, ja sogar verschärft, den Anspruch auf geometrische Deduktion rigider Formeln, die den falschen Anschein physikalischer Gesetze mit sich bringen (PE-1, S. 140).

Von der alten Dialektik hat man die mephistophelische Neigung für den Krieg als »Vater aller Dinge« beibehalten, aber gleichwohl die Idee der Richtung, der Struktur, des Plans, des Gesetzes der Geschichte konserviert. Im Grunde wurde nur eine Transzendenz durch eine andere ersetzt: Der Gewinn an Leidenschaft ist groß, der Gewinn an Immanenz gleich Null. Noch immer wird der Gott, der Mammon, der Teufel der Harmonie verehrt. In den Augen Tardes bietet der Marxismus demnach die schlechtere der beiden Welten an: ein Anwachsen der Leidenschaften und ein Anwachsen des Objektivitätsanspruchs. Anders gesagt, dank

seiner wird man sich daranmachen, im Namen der Wissenschaft in einem noch größeren Maßstab zu hassen! Zu den Verbrechen, die vom Neoliberalismus gerechtfertigt werden, können so noch die Verbrechen hinzutreten, die im Namen des dialektischen Materialismus begangen werden. Und so etwas im Jahr 1902? Man muß zugeben, daß das nicht schlecht ist.
Bemerken wir aber, daß nichts im Argument Tardes nostalgisch, rektionär oder bloß defensiv ist. Er findet es mitreißend, daß der Sozialismus dahin gelangt ist, die Natur der ökonomischen Leidenschaften zu erneuern. Was ihm Probleme bereitet, ist also nicht der Sozialismus als solcher, dessen Ausrichtung er im groben billigt, sondern die *technische* und quasi buchhalterische Schwierigkeit, die Produktion zu organisieren.

> Der sozialistische Gesichtspunkt der Organisation der Arbeit kann betrachtet werden als die Verschmelzung des politischen und des ökonomischen Gesichtspunkts zu einem einzigen, wobei letzterer in ersterem aufgeht. Die Originalität des Sozialismus besteht darin, der sehr kleinen Zahl von kollektiven Zielen, welche die in einer Nation vereinten Menschen verfolgen können – patriotischer Ruhm, Krieg, Eroberung, Verteidigung des Territoriums –, ein großes neues Ziel hinzugefügt zu haben, das ihren Anstrengungen sehr würdig ist, nämlich die bewußte und systematische Organisation der Arbeit. Nur sei darauf hingewiesen, daß, wenn dieses Ziel erreicht sein sollte, es für ein neues Bedürfnis und folglich für eine neue Industrie sehr viel schwieriger

würde, sich in die Kette der anerkannten Bedürfnisse einzuschieben. Die Arbeit wird verknöchern, je mehr sie organisiert werden wird (PE-1, S. 161).

Die Zweifel Tardes hinsichtlich des Sozialismus und insbesondere seiner marxistischen Variante beruhen keineswegs, wie man sieht, auf einer Art moralischer oder politischer Aversion. Er überspringt alle Einwände, die seine Zeitgenossen beschäftigen, gibt dem Sozialismus seine Chance und weist mit Fingerspitzengefühl auf den zentralen Punkt der ganzen Theorie: Kann die Ökonomie (die Sache) vorhersehbar gemacht werden durch die Ökonomie (die Disziplin)?[5] Erinnern wir uns, daß es für ihn keine

5 Selbst wenn man aus Tarde nicht den Vorläufer einer Epoche machen will, die ihm erst mehrere Jahrzehnte später folgt, ist es doch unmöglich, seine Intuitionen zu lesen, ohne an eine Debatte zu denken, die die Gemeinschaft der Ökonomen erschüttern sollte, als Oskar Lange und Friedrich Hayek, in der Folge der ersten Konfrontationen zwischen Pareto-Ökonomen und der österreichischen Schule, sich über die Möglichkeiten der wissenschaftlichen Berechnung stritten, die durch die ökonomischen Modelle geboten wurden. Lange und Hayek waren genau in dem Punkt gegensätzlicher Meinung, der Tarde angesichts des Sozialismus zögern läßt: Die Möglichkeit des Sozialismus beruht auf der Fähigkeit des Staates, die Tauschpreise zu berechnen, einer Fähigkeit, die das Gleichgewicht zwischen Angebot und Nachfrage ermöglichen würde. Angesichts der Hoffnung, die Lange in diese Fähigkeit setzt, weist Hayek auf die Unmöglichkeit hin, die Wesen der Ökonomie zu erschöpfen und die Festlegung der Preise zu zentralisieren. Der Staat unterscheidet sich hierin nicht von den Individuen, die ebenfalls mit der Tätigkeit des Sammelns der relevanten wirtschaftlichen Tatsachen befaßt sind. Aber Tarde begeht nicht den Irrtum Hayeks, mit dem er vieles gemeinsam hätte, die Konkurrenz im Lebenskampf durch eine karikaturhafte Lektüre Darwins zu simplifizieren. Für Tarde gilt, daß man nichts simplifizie-

ökonomische Basis gibt, keinen Automatismus, keine Harmonie, keine Naturgesetze, keine Entwicklungsgesetze; daß alles auf Erfindungen und Kunstgriffen beruht, die erleichtert, koordiniert, verstärkt, vereinfacht, gesammelt und versammelt werden von Meßinstrumenten, von denen die Ökonomie als Disziplin sich nährt und die durch metrologische Ketten mehr oder weniger weit verbreitet werden. Einzig durch die Ausbreitung der Instrumente macht das Soziale sich für sich selbst – durch eine mächtige Arbeit der Reflexivität – quantifizierbar und vorhersehbar. Die Ökonomik kann sich in ihrer Mathematisierung anstrengen, soviel sie will, aber sie kann die Ökonomie nur formatieren, denn diese übersteigt sie an allen Seiten. »Die zukünftige Erfindung, darin liegt die Klippe für alle Berechnungen, ist das Unvorhergesehene, an dem sich alle Prophezeiungen stoßen« (PE-1, S. 166f.).

> Die Frage [der sozialistischen Organisation der Arbeit] besteht im Grunde darin zu wissen, ob man jemals, durch schnelle, zuverlässige und vollkommene Handelsstatistiken und durch andere Informationsmittel, dahin gelangen wird, die Prognosen der Produzenten, die heute immer noch mehr oder weniger auf Vermutungen beruhen, sicher oder fast sicher zu machen, so daß es kein Risiko mehr gäbe, das man eingehen muß, und folglich keine Ungerechtigkeit, kein Problem mehr darin läge, den Gewinn des Chefs abzuschaffen, der ja eine notwendige Kompensation seiner aktuellen Risi-

ren darf: weder die Natur noch die soziale Welt, zwei Formen von Gesellschaften.

> ken ist. Wenn die Natur und das Ausmaß der Nachfragen der Konsumenten eines Tages dafür empfänglich wären, auf diese Weise ganz gewiß von den Produzenten vorausgesagt zu werden, dann, und nur dann könnte der Staat ernsthaft daran denken, an ihre Stelle zu treten und die zentralisierte und organisierte nationale Arbeit von oben zu planen, oder zumindest könnten die Arbeiter ihren Anteil an den Gewinnen des Chefs einfordern, der zu ihrem Kameraden geworden wäre, einem intelligenteren und begabteren Kameraden, und als solcher sowie als Schöpfer des Unternehmens besser bezahlt, aber nicht aufgrund der Risiken, die es nicht mehr gäbe (PE-1, S. 198).

Wenn man das liest, fragt man sich, was wir das ganze 20. Jahrhundert hindurch gemacht haben … denn schließlich stellt sich die Frage heute mit genau derselben Intensität wie damals. Nein! Mit noch größerer Intensität, denn die leidenschaftlichen Interessen haben sich gewaltig vermehrt und vermengt. Die Frage nach dem Anteil an den Risiken, nach Gütern und Übeln, nach der Organisation durch den Staat, nach der Qualität der Daten, nach der Koordination der Übereinstimmungen von Neigungen und Abneigungen und vor allem die Frage nach der Prognostizierbarkeit der Gewohnheiten, die durch die Vielzahl der Bindungen angenommen worden sind – das ist der Stoff der politischen Ökonomie. Tarde zweifelt an den Fähigkeiten des Sozialismus, diese Fragen zu lösen, weil er an den Tugenden der Planwirtschaft zweifelt …

> *A priori* hat das also nichts Unvorstellbares. Aber wenn ich die Erfahrung konsultiere, muß ich sagen, sehe ich sehr wenig Grund für den Traum von einer allgemeinen und zentralen Organisation der Arbeit durch den Staat. Zweifellos werden die Bedürfnisse der Gesamtheit der Bürger niemals mit soviel Genauigkeit und Gewißheit vorausgesagt werden können wie die eines sich auf dem Marsch befindlichen Armeekorps; wir wissen jedoch, wie mangelhaft selbst die perfekte militärische Wirtschaftsverwaltung in Zeiten des Feldzugs ist. Es vergeht kein Tag, an dem nicht schmerzhaft mal das Übermaß, mal der Mangel der erforderlichen Belieferungen spürbar wird. Unter dem kollektivistischen Regime würde man sich erst recht täglich zu beschweren haben über die zivile Wirtschaftsverwaltung, da ihre Aufgabe noch weitaus komplizierter wäre (PE-1, S. 199).

Nichts Chaotischeres als der Krieg; nichts Chaotischeres als die Kriegsökonomie; nichts Chaotischeres als der Kommunismus, der die totale Mobilmachung als ideales Modell für die Ökonomie nähme. Gewiß, Tarde hat sich, wie alle seine Zeitgenossen, grandios getäuscht hinsichtlich einer Zukunft der Koordination und des fortwährenden Friedens, welche die erste große Globalisierung anzukündigen schien. Und dennoch sollte der Oktober 1917 bald dafür sorgen, daß seine Voraussage hinsichtlich dessen, was man vom Kriegssozialismus erwarten konnte, verifiziert wurde. Wenn es etwas gibt, das der Totalitarismus nicht in der Lage ist, gut durchzuführen, so ist es *die Totalisierung …*

Schluß: Verjagt das Große Tier, es kehrt im Galopp zurück

Es ist gar nicht so leicht, auf dem Gebiet der Ökonomie agnostisch zu sein. Weder Smith noch den Erfindern des Marktes noch dem Sozialismus ist es bisher gelungen. Solange die Politik nicht als eine »Erfindungsmacht« anerkannt sein wird, um den Ausdruck von Maurizio Lazzarato aufzugreifen,[6] wird es keine Wiederaufnahme der Ökonomie durch die Politik geben – und also keinen Sozialismus. Man muß sogar noch weiter gehen und hinter der unsichtbaren Hand des Marktes, hinter der sichtbaren Hand des Staates dieselbe kaum säkularisierte Figur wiedererkennen, den sozialen Organismus, das Große Tier. Dieses muß man angreifen, wenn man der ökonomischen Materie wirklich auf den Grund gehen will.

Das heißt, um die Originalität Tardes in der Ökonomie zu begreifen, muß man seine Originalität in der Soziologie erfassen. Die von Polanyi popularisierte Idee einer »Einbettung« des Ökonomischen im Sozialen hatte den großen Nachteil, daß sie die vorgängige Existenz der Gesellschaft voraussetzte. Daher ist verständlich, daß der theoretische Gewinn nicht sehr groß sein konnte: Wenn man vom Ökonomismus zur Wirtschaftssoziologie übergeht, wechselt man nur von einer bereits bereitstehenden Struktur – der ökonomischen Infrastruktur und ihren Gesetzen – zu einer anderen ebenfalls bereitstehenden Struktur: der Gesellschaft und ihren Gesetzen. Gewiß, man hat viele Dinge über

6 Maurizio Lazzarato, *Puissances de l'invention*, a. a. O.

die »außer-ökonomischen« Faktoren von Verträgen, Austauschprozessen, Geschmäckern gelernt, doch damit ist man gewissermaßen nur von einer Struktur zur anderen übergegangen.[7] Nun hat aber die von Tarde vorgeschlagene »Involution« aller Strukturgesetze im Gewimmel der Monaden die radikale Konsequenz, alle Strukturen aufzulösen, selbstverständlich die des reinen und perfekten Marktes, aber auch die der sozialen Welt, wie sie von Soziologen wie Durkheim und seinen Nachfahren akzeptiert worden sind.[8] Mit der Auflösung der Gesellschaft verschwinden ebenfalls alle Metaphern der Einbettung. Die Ökonomie legt sich nicht mehr ins Prokrustes-»Bett« des Sozialen, weil es kein Bett mehr gibt, kein Kopfkissen, keine Daunendecke, keinen Betthimmel ...

In einer entscheidenden Passage des zweiten Bandes versammelt Tarde sein ganzes soziologisches, ökonomisches und politisches Denken – es handelt sich um seine letzte Vorlesung am Collège de France, er stirbt zwei Jahre später –, wenn er zeigt, durch welche paradoxe Verbindung der Gedanke von einer Harmonie durch den Markt und der Gedanke der Gesellschaft sich im Grunde genommen immer die Hand gereicht haben.

7 Hier können wir sehen, wie sehr die Tardesche Lösung sich vom cleveren Kompromiß unterscheidet, den Mark Granovetter für seine Wirtschaftssoziologie vorschlägt, wobei er sich von Polanyi inspirieren läßt. Mark Granovetter, »Economic Action and Social Structure: A Theory of Embeddedness«, *American Journal of Sociology* 91 (1985), S. 481-510.

8 Das ist der ganze Sinn der Opposition zwischen Tarde und Durkheim. Über diese lange Opposition siehe die ausgezeichnete Einführung von Bruno Karsenti in Tarde, *Les lois de l'imitation*, a. a. O.

> So gibt es keine soziale und insbesondere keine ökonomische Harmonie, der nicht eine psychologische Harmonie voraufgegangen und die nicht von dieser vorbereitet worden wäre, und am Ursprung jeder Assoziation zwischen Menschen finden wir eine Assoziation zwischen den Ideen eines Menschen. Verharren wir einen Moment, um auf die philosophische Bedeutung dieser festgestellten Tatsache hinzuweisen. Es folgt daraus offensichtlich, daß die Gesellschaft kein Organismus ist; aber folgt daraus auch, daß sie keine von ihren Mitgliedern unterschiedene Realität ist? Das ist eine Frage, die nach einer klaren Antwort verlangt. Wenn die Idee des sozialen Organismus verteidigt werden kann, so nur insofern sie ein Ausdruck, ein unglücklicher, gewiß, des sozialen Realismus ist, das heißt der als ein reales Wesen und nicht nur als eine *bestimmte Anzahl* realer Wesen begriffenen Gesellschaft (PE-2, S. 219).

Totus aut omnis? Die Frage ist stets dieselbe. Seit Beginn seiner Karriere formuliert Tarde seinen Einwand gegen jene – Comte, Spencer, Durkheim –, die den Realitätstyp der Gesellschaft und den Realitätstyp der »realen Wesen«, die sie bilden, absolut unterscheiden wollen. Dort, wo alle Soziologen zwei Realitätsordnungen sehen wollen – das »Mikro« und das »Makro« –, insistiert Tarde, Seite für Seite, darauf zu beweisen, daß gerade in diesem Fall, dem der von innen erfaßten menschlichen Gesellschaften, wir unbestreitbar wissen, daß niemals inmitten der vereinten Assoziierten plötzlich die soziale Struktur, diese *cosa mentale*, auftaucht.

> Doch ganz gleich wie innig, wie tief und harmonisch eine gesellschaftliche Gruppierung auch sein mag, niemals können wir beobachten, daß *ex abrupto* aus der Menge der überraschten Mitglieder ein *kollektives Ich* entspringt, ein wirkliches, nicht bloß metaphorisches, gleichsam als wunderbares Resultat, dessen Bedingungen die einzelnen Mitglieder wären. Zweifellos gibt es immer ein Mitglied, das die ganze Gruppe repräsentiert oder eine kleine Anzahl von Mitgliedern (wie die Minister eines Staates), welche sie, jeder auf seine besondere Weise, nicht weniger vollständig verkörpert. Aber dieses Oberhaupt oder diese Oberhäupter sind immer auch Mitglieder der Gruppe, die durch einen Vater und eine Mutter in die Welt gesetzt wurden und nicht auf kollektivem Wege durch ihre Untertanen oder Bürger.[9]

Auch wenn man hundert Jahre lang über diese Brücke der Sozialtheorie hin- und hergegangen ist, handelt es sich hier selbstverständlich nicht darum, Holismus und Individualismus einander gegenüberzustellen. Wir haben verstanden: Bei Tarde gibt es genausowenig ein Individuum wie eine Gesellschaft. Das heißt, man müßte für die Frage der Zusammensetzung des Sozialen eine andere Lösung finden als den »sozialen Realismus«, die *unrealistischste* Lösung von allen, die man aber gleichwohl ein Jahrhundert später immer noch unentwegt aus dem angeblichen Gegensatz zwischen Individuum und Gesellschaft ableitet.[10]

9 Gabriel Tarde, *Monadologie und Soziologie*, a. a. O., S. 64 [frz. 68].

10 Zu dieser Frage siehe Bruno Latour, *Eine neue Soziologie für eine neue Gesellschaft*, a. a. O.

Wäre die beste Stütze dieser Konzeption nicht die Entdeckung von »Naturgesetzen«, welche unabhängig von jedem individuellen Willen die Individuen auf im vorhinein gezogenen Bahnen zu einer immer vollkommeneren politischen, moralischen, ökonomischen Organisation führten? Die Doktrin des Laissez-faire hat also die allergrößte Affinität zur Lehre von der Gesellschaft als Organismus, und die Schläge, die man gegen diese richtet, treffen jene indirekt ebenfalls. Wenn man Grund hätte, an die spontane Harmonisierung der Gesellschaften zu glauben, so hätte man genau daher auch den gleichen Grund, eine Gesellschaft für ein wirkliches Wesen zu halten, mit gleichem Recht wie eine Pflanze oder ein Tier. Aber löst sich die Illusion dieser schicksalhaften providentiellen Vorherbestimmung nicht zusehends auf, selbst unter ökonomischem Gesichtspunkt? Was den politischen Gesichtspunkt betrifft, so genügt es, die Augen zu öffnen, um zu sehen, wie die Nationen aufsteigen und niedergehen, stärker oder schwächer werden, je nachdem ob sie im richtigen Moment die starke Hand eines Staatsmanns gefunden haben; und daher ist es nicht mehr zulässig, an einen *angeborenen Richtungssinn* zu glauben, der die Völker ohne jeglichen sichtbaren Führer steuern würde (PE-2, S. 219 f.).

Auf beiden Seiten der Gigantomachie, welche die Planwirtschaft dem Laissez-faire, den Sozialismus dem Neoliberalismus entgegenstellt, finden sich dieselben Prinzipien der Soziologie – die Idee des »Organismus« –, dieselben

Prinzipien der Ökonomie – die »providentielle Vorherbestimmung« –, dieselben Prinzipien der Moral – der Glaube »an die spontane Harmonisierung der Gesellschaften«. Aber wie soll man es anders machen? Wie kann man diesem »verführerischen Irrtum« entgehen?

> Soll uns aber der Verzicht auf diesen lange Zeit verführerischen Irrtum [der Gesellschaft als Organismus] dazu bringen, jede eigene Realität des gesellschaftlichen Ganzen zu leugnen, es als eine bloße Gesamtzahl zu betrachten, als numerischen Ausdruck der versammelten Individuen? Nein. Wenn wir es auch ablehnen, Naturgesetze im angedeuteten Sinn zuzulassen, und ebenso Entwicklungsgesetze, die deren jüngste Form sind, so gestehen wir gleichwohl zu, daß es in jedem Individuum ein mehr oder weniger lebhaftes Bedürfnis nach einer logischen Koordination der Ideen gibt, nach einer zweckgerichteten Koordination der Handlungen, ein Bedürfnis, das sich bei der gegenseitigen Annäherung der Individuen auffrischt, das zu einer allgemeinen Tendenz nach wachsender Logik und Zweckbestimmtheit wird in jeder Kategorie der sozialen Tatsachen und das schließlich darin überall aus der Unordnung Ordnung schafft und das Chaos zur Welt krempelt (PE-2, S. 220).

»Das Chaos zur Welt krempeln«, da haben wir das Ziel, das man den leidenschaftlichen Interessen anbieten kann. Es gibt keine Harmonie, keine Naturgesetze, keine »Entwicklungsgesetze«, wie sie etwa der dialektische Materialismus zur damaligen Zeit popularisiert, keine Revolution, auf die man warten muß, aber das besagt noch lange nicht, daß man die Gedanken der Totalität und Zweckbestimmtheit aufgeben müßte. Es gibt wirklich für Tarde ein »gesellschaftliches Ganzes«, aber, und darin unterscheidet er sich von all seinen Zeitgenossen – und von all unseren Zeitgenossen –, was seinem Buch diese unverbrauchte Neuheit gibt: Dieses gesellschaftliche Ganze ist *zu machen* durch Erfindungen, durch Kunstgriffe. Es liegt vor uns, nicht hinter uns. Eine Zweckbestimmtheit, die nicht transzendent und extern, sondern immanent und intern ist, bloß »aufgefrischt« und »logischer« gemacht durch die Weise, wie die Individuen, ihre Ideen, ihre Leidenschaften sich annähern, verbinden, sofern sie tatsächlich »das Chaos zur Welt krempeln«. Eine Welt werden ist, anders gesagt, eine Möglichkeit unter anderen. Sie hat nichts unausweichliches. Folglich könnte sie sich nicht ereignen, sie kann mißglücken. Ein Chaos kann sie auflösen. Und Tarde beschließt dieses Bravourstück mit einem Glaubensbekenntnis:

> Diese Vorgehensweise unterscheidet sich von den vorherbestimmten Harmonien oder den linearen Entwicklungen darin, daß sie, anstatt den sozialen Zug auf einem einzigen und stets demselben Gleis fahren zu lassen, ihm sehr viel mehr Spielraum läßt. Und so wird man dahin geführt, nicht die soziale Realität zu leugnen, sondern sie als sehr viel lebendiger und sehr viel wahrer zu begreifen, als sehr viel reichhaltiger an Manifestationen und unvorhergesehenen Verläufen. Eine algebraische Formel, die Lösungen für eine Menge un-

terschiedlicher Probleme bereitstellt, ist etwas anderes als eine arithmetische Gleichung, die sich nur auf ein Problem anwenden läßt und nur eine Lösung enthält. Ich bin ebenfalls Realist, in dem Sinne, daß in meinen Augen, wie in den Augen meiner Gegner, einzig die Gesellschaft Virtualitäten realisiert, die in den Individuen enthalten sind und die nicht von jedem von ihnen isoliert realisiert werden könnten; aber ich sage, daß diese Virtualitäten individuelle Ideen und Willen sind, ich plaziere sie in die Gehirne, anstatt sie nirgendwo zu situieren, es sei denn in ontologischen Wolken; und ich sage, daß diese Virtualitäten zahllos sind, unerschöpflich wie ihre geistige Quelle, anstatt sie auf eine strikt determinierte oder vielmehr prädeterminierte Anzahl zu beschränken (PE-2, S. 220 f.).

Man versteht, daß der Ausdruck »politische Ökonomie« überhaupt nicht die gleiche Bedeutung hat, je nachdem ob man zwei Vorsehungen miteinander vereint oder einander entgegensetzt, die der Gesellschaft und die des Marktes, oder ob man *allen* Vorsehungen, der der Gesellschaft wie der des Marktes, abspricht, sich darum zu kümmern, im vorhinein unsere Existenzen zu gewährleisten. Denn dann müßte man, um endlich »Realist« zu sein, anerkennen, Erbe einer ganz anderen Geschichte zu sein, einer, die akzeptiert, von den »ontologischen Wolken« befreit zu werden, einer, die nicht einer »linearen Entwicklung« gehorcht und dem »sozialen Zug« freien Spielraum läßt. Man wird sagen, daß es sich dabei um einen charmanten Enthusiasmus handelt, der zu nichts verpflichtet. Halten wir dennoch fest, daß es wirklich die ökonomische Wissenschaft ist, die Tarde erneuern will, und daß man die Parallele sehr ernst nehmen muß, die er zwischen dem Übergang von der Determination zur Freiheit und von der »Arithmetik« zur »Algebra« zieht. In keinem Moment verlangt Tarde von uns, zwischen der kalten Ökonomie und der heißen Subjektivität zu wählen. Im Gegenteil, vom freien Spiel leidenschaftlicher Interessen erwartet er mehr Quantifizierung, das heißt mehr soziale Beziehungen, um »das Chaos zur Welt zu krempeln«.

Bruno Latour
im Suhrkamp Verlag

Die Hoffnung der Pandora. Untersuchungen zur Wirklichkeit der Wissenschaft. Aus dem Englischen von Gustav Roßler. stw 1595. 386 Seiten

Eine neue Soziologie für eine neue Gesellschaft. Einführung in die Akteur-Netzwerk-Theorie. Aus dem Englischen von Gustav Roßler. Gebunden. 488 Seiten

Das Parlament der Dinge. Für eine politische Ökologie. Aus dem Französischen von Gustav Roßler. Broschur. 365 Seiten

Wir sind nie modern gewesen. Versuch einer symmetrischen Anthropologie. Aus dem Französischen von Gustav Roßler. stw 1861. 205 Seiten

Zu Bruno Latour

Bruno Latours Kollektive. Kontroversen zur Entgrenzung des Sozialen. Herausgegeben von Georg Kneer, Markus Schroer und Erhard Schüttpelz. stw 1862. 478 Seiten

NF 160/1/2.08

Nico Stehr

- Die Moralisierung der Märkte. Eine Gesellschaftstheorie. stw 1831. 379 Seiten
- Wissen und Wirtschaften. Die gesellschaftlichen Grundlagen der modernen Ökonomie. stw 1507. 451 Seiten

Hartmut Winkler. Diskursökonomie. Versuch über die innere Ökonomie der Medien. stw 1683. 258 Seiten

NF 163/2/4.08